獲る・守る・稼ぐ

週刊文春「危機突破」リーダー論

新谷 学 SHINTANI MANABU

光文社

獲る・守る・稼ぐ　週刊文春「危機突破」リーダー論

はじめに

危機の時代である。

猛威をふるう新型コロナウイルスにより、危機はさらに拡大している。あらゆる産業においてデジタル・トランスフォーメーション（DX）が加速し、従来のビジネスモデルでは立ち行かなくなってきている。痛みをともなう激しい変化に適応できない組織は、生き残ることが困難な時代だ。

われわれメディアとて例外ではない。週刊文春も商業ジャーナリズムである以上、一定の収益を上げなければ存続できない。ところが紙の雑誌の売り上げはいくらスクープを連発しても、一部例外の年を除けば右肩下がりだ。

しかもデジタルにシフトすれば簡単に稼げるというわけではない。スクープを獲《と》ることが今後も週刊文春の根幹であることに変わりはないが、主戦場が徐々にオンライン上にシフトしていけば、新たなリスクが増大する。

ファッション界のカリスマである藤原ヒロシさんとブランディングをテーマに対談した時のことだ。

私が芸能人のスキャンダルにより、いかにオンライン上で収益を上げることができるかについて数字を示して説明すると、藤原さんはこう言ったのだ。

「ファクトを掲載するという意味で、百歩譲って下世話なネタっていうのはあってもいいかもしれないし、メディアとしてお金を稼がなくてはいけないのはもちろんわかりますが、そういう具体的なビジネスの話を聞いてしまうと、道徳的にどうなんですか？　という気持ちになりますね」

デジタルで稼ぐことが宿命的に抱える問題点をズバリと指摘する重い問いかけだった。

藤原さんはさらにこう続けた。

「その問題ってメディア云々というより、デジタルのあり方ですよね。デジタルになった途端、その記事が三〇〇円で買われるとか、ダイレクトな話になってしまう。それはメディアのせいだけではなく、世間の人々の下世話な気持ちの金額でもありますからね」

デジタルを舞台にスクープを発信していけば、大きな収益を上げることも可能だが、一歩間違うと、激しく炎上し、ブランドに大きな傷がついてしまう。

私は藤原さんにこう答えた。

「ご指摘の意味は私もよく理解しています。ですから私が現場に口を酸《す》っぱくして言っているのは、収益を上げる部分と、メディアとしてのブランドを守る部分とのバランスをしっかりとろうよ、ということです。私は『スクープに貴賤はない』と思っているので、政治、芸能どちらもあっていいけれど、収益が最優先になってしまうと、一気に下世話に傾いてしまう」

日本資本主義の父と称される渋沢栄一流に言えば、週刊文春版の「論語と算盤《そろばん》」である。何にならお金を払うかが〝見える化〟してしまうデジタルの世界においても、しっかりと週刊文春の看板を守りつつ、収益を上げる。それこそが、いかに強い相手であっても臆することなく、週刊文春がスクープを狙い続ける上での生命線なのだ。

スクープを「獲る」。炎上から「守る」。デジタルで「稼ぐ」——。

本書では、未曽有《みぞう》の危機を突破するために、リーダーが肝に銘じるべきだと私が考えることを記した。次から次へと目の前で起こる、ややこしい事態に向き合い続けた体験がベースになっている。たかが週刊誌の人間が偉そうに、とのお叱りは覚悟の上だが、こうした実践的リーダー論には、いくばくかの普遍性があると信じたい。

危機の時代を生きる皆さんのお役に少しでも立てれば幸いである。

獲る・守る・稼ぐ　週刊文春「危機突破」リーダー論

目次

第2章 ブランディング すべてのビジネスに「クレディビリティ」が必要だ

第3章 差別化戦略 最大の武器は「スクープを獲る」

第4章 危機管理 週刊文春流 炎上から組織を守る五つの要諦

第5章　事業展開　異業種間コラボ成功のための極意　173

第7章 働き方 ワーク・イズ・ライフ 239

第1章

ビジネスモデル構築

スクープDX時代の「稼ぐ仕組み」を作る

稼がなくてはならない。だが、稼ぐことがすべてではない。

どうやって稼ぐのか――。

ビジネスの現場で、今ほどそのことを真剣に議論しなくてはならない時はない。出版業においても喫緊の課題だ。デジタル化の流れはスマートフォンの普及により爆発的に進み、情報を得る手段は、紙からデジタルにシフトした。全国で書店や駅の売店が減り続け、コンビニエンスストアの雑誌売り場も縮小し、読者との接点はどんどん消失している。雑誌の売り上げの減少傾向はこれからも続くだろう。週刊文春は比較的好調だと言われているが、ここ十数年、販売部数は何度かの例外を除き右肩下がりだ。だが、雑誌のクオリティが下がっているわけではない。

おかげさまで週刊文春はいたって元気だ。

編集部には、スクープを獲ることに命を燃やしているスタッフが大勢いる。週刊文春を信じて情報提供してくれる方々がいる。そして何よりも、毎号スクープを楽しみにしてくれる読者の皆さんがいる。スクープは、いつもわれわれを活気づけてくれるのだ。

われわれは、スクープにどれくらいの情熱と、手間、暇、お金をかけているのか。われわれがこれからもスクープを生み出し続けるためには、どんな仕組みが必要なのか。

現職法務大臣の公職選挙法違反をスクープした〈河井克行《かわいかつゆき》・案里《あんり》のウグイス嬢違法買収疑惑〉（二〇一九年）。担当した記者がつかんだ情報は、当時法務大臣だった河井克行さんの妻、河井案里さんが参議院選の選挙活動時に依頼したウグイス嬢に公職選挙法で定められた倍の額、三万円を支払っていたという内容だった。

それが事実だとすれば、大スクープになる。だが、河井克行さんは当時の安倍晋三総理や菅義偉官房長官とも親しいと言われていた人物だ。強い相手と戦うためには、ファクトをしっかり固めなくてはならない。

そこで加藤晃彦《あきひこ》編集長は事実を確かめるため、河井さんの選挙区である広島でウグイス嬢を務めた一三人を「同時直撃」することにした。そのためには、一三人の記者を広島に向かわせなくてはならない。同時直撃にしたのは、ウグイス嬢をひとりずつ順に回るとタイムラグが生じ、その間にわれわれの動きを察知した河井陣営の指示でウグイス嬢同士が口裏を合わせてしまう危険があるからだ。対象者が何も知らない状態で直撃しなければ、リアルな反応は得られない。

ウグイス嬢のうち二人の自宅が近いことがわかり担当者を一人減らして一二人が、直撃前夜、広島に向かい、翌朝八時に同時直撃することになった。もし全員が「知らない」と言えば、この労力はムダになる。それゆえわれわれは編集部の精鋭部隊を広島に送った。まさに緊張の朝だった。

同時直撃の結果、確実な証言が得られたのは三人。そこでスクープを放つことができた。

ここまで取材するには、かなりのお金がかかる。一二人分の広島往復の交通費と現地での宿泊費だけでも五〇万円近い金額だ。

しかもわれわれは新聞社のような大組織ではない。全体で三〇人超しかいない特集班の精鋭一二人を向かわせるのだから当然、ほかの取材が手薄になる。それでも加藤編集長が投入を決断したのは、ここが週刊文春の勝負どころだと考えたからだ。

書き上げた記事は掲載予定の週刊文春発売前日にニュースサイト「文春オンライン」で一部を先出しして大きな話題を呼ぶと、ＮＨＫや朝日新聞などあらゆるメディアが後追いしてこのスクープを報じた。翌朝、河井克行さんは法務大臣を辞任した。

このスクープに反応したのは読者とメディアだけではない。東京地検特捜部までもが動き、その後、河井克行さんと案里さんは公職選挙法違反で逮捕された。社会に大きな一石を投じることができたスクープだった。

だが、この号でそれに見合う収益が得られたかというとそうでもない。社会的意義は大きかったが、紙の雑誌の売り上げという意味では「地味」なものだった。

これがスクープのリアルだ。スクープを獲るには手間も暇もお金もかかる。いくらスクープを獲っても、このまま販売部数の減少が続くのを手をこまねいて見ているだけでは、今の体制を維持することは難しい。

ただし、われわれにとって売れること、稼ぐことがすべてではないのだ。この河井夫妻のスクープによって、週刊文春は読者からの信頼というかけがえのない財産を得た。

この信頼こそが、今後デジタル化が加速する時代に週刊文春が存続していく上での基盤となる。それをどう活《い》かしていくのか。

二〇一八年に週刊文春編集局長に就任して、私の仕事は「スクープを獲る」ことから、「スクープで稼ぐ」ことに変わった。紙の雑誌の収益だけでは食えない現実を直視し、稼ぎ方を少しずつ広げてきた。

スクープを獲る仕事とスクープで稼ぐ仕事、どちらが楽しいかと言えば、もちろんスクープを獲る仕事だ。だけど私はこれまでさんざんスクープを獲る仕事に邁進《まいしん》させてもらったのだから、今度はその現場を支える仕事で恩返ししよう。新しい稼ぎ方の仕組みを作ろう。それこそが週刊文春編集局長としての使命だと肝に銘じている。

ビジネスの枠を大きく広げる。

編集局長とは、編集長と役員の間に位置するポジションだ。私自身は現在、執行役員を兼務しているが、通常の会社では部長と役員の間、本部長や事業部長といったポジションに近いと思う。

組織のなかで、局長や本部長という役職は、現場を離れ、経営に本格的に参画するまでの「待機ポスト」ととらえる向きもある。現場と経営の間に立ち、現場の舵《かじ》取《と》りをしたり、経営側に進言したりしながら両者の橋渡しを求められる。ビジネスが順調に展開している時ならば、大きなミスやトラブルがなければ、次の役職にステップアップできる。誤解を恐れず言えば、たいしてやることがないポストだったのだ。私自身、前任者から業務の引き継ぎはほとんどなかった。

雑誌の裏表紙には、編集人と発行人の名前が明記されている。編集人は編集長、つまり雑誌の中身についての最高責任者である。では発行人とはなにか。編集長が作った雑誌を、世に出す上での最終責任者を指す。週刊文春の裏表紙には、発行人として編集局長である私の名前が記されている。トラブルがあれば最終的な責任を引き受けるのは私だ。

ところが雑誌作りにはほとんど関わらない。文藝春秋では、「雑誌は編集長のもの」という不文律が存在する。週刊新潮は、企画やタイトルも発行人が必ずチェックしていたと聞くが、文藝春秋では、編集長が雑誌作りのすべてを担う。記事のラインアップから取材班の編成、記事の扱いやタイトルの付け方など、すべてを決定するのは編集長だ。

もちろん週刊文春でも歴代の編集局長は編集長から、その都度《つど》必要な報告は受けているし、校了ゲラも読んでいる。ただし、編集局長が「これでいいのか?」と指摘しても、確信があれば「いいんです」と押し切れるのが文藝春秋における編集長なのだ。「編集権」を編集長が握らなければ、二重構造になってしまう。

編集長が最優先するのは、雑誌を作ることだ。スクープを獲る体制を築き、現場のモチベーションを上げて、大胆にアクセルを踏む一方で、細心の注意でブレーキも踏みながら現場を切り回し、指揮する。

それでは編集局長は何をすべきなのか。

私はこの変革期こそ「編集局長の時代」だと考えている。ビジネスが大きく変わっていく時、編集局長は大いに機能しなければならない。新たな稼ぎ方の仕組みを考える人間が必要なのだ。ボーッとしている場合ではない。仕事とは本来与えられるものではなく自ら作り出すものだ。まさに編集局長の差が出る時代でもあるのだ。

これまで雑誌は「販売収入」と「広告収入」という二つの収益を柱にやってきた。だがそのビジネスモデルはかなり前から曲がり角に来ている。このままでは週刊文春は持たない。編集長時代から私にはそんな危機感があり、デジタルシフトに取り組んできた。だが編集長は、雑誌作りに忙殺されるため、本腰を入れてビジネスモデルを変革するための余力は限られている。

だから編集局長の時代なのだ。編集局長なら、もっとダイナミックにビジネスの枠を大きく広げた上で、枝葉を張りめぐらせることができる。経営とも現場とも近い立場で、新たな仕組みを作ることができる。

「筋のいいストーリー」が成長戦略につながる。

ビジネスモデルを変革していく時、最初に見極めるべきは、自分たちのビジネスにとっての「幹」とは何か、ということだ。ビジネス用語で言えば、コアコンピタンスに近いニュアンスだ。枝葉ばかり増やしても、事業の幹がやせ細ってしまっては持続可能ではない。

ビジネスの幹が何かを見極め、そこにダイナミックな投資を実行したのが、ＪＲ東海の名誉会長、葛《か》西《さい》敬之《よしゆき》さんだ。国鉄分割民営化によってＪＲ東海が発足するという、ビジネスの大変革期に経営を担う立場にあった葛西さんは、「JR東海にとって新幹線ビジネスが根幹ですから、国鉄時代は年間平均四五〇億円だった設備や車両への投資を、一〇〇〇億円前後のレベルに増強しました」と教えてくれた。関連事業に手を広げるのではなく新幹線ビジネスにさらなる投資をしたのだ。

その後、JR東海が300系、700系、N700系と新しい車両を開発し、東京―大阪間の所要時間をどんどん短縮したことは記憶に新しい。この投資によってJR東海は、乗客に快適性とスピードを提供し信頼を確かなものにすると同時に、技術力を世界にアピールすることができた。つまり「幹を太くする」ことでJR東海は大きく成長したのだ。

週刊文春の「幹」はスクープだ。

スクープで読者の「知りたい気持ち」に応え、どんな相手でも忖度《そんたく》せずに事実を報じることで読者の信頼を得てきた。スクープを獲り続けることが、読者ファースト、コンテンツファーストにつながっている。僭越《せんえつ》ながら、毎週これだけのインパクト、クオリティのあるコンテンツを量産しているメディアはあまりないはずだ。

週刊文春はスクープを獲る土壌を、時間をかけて育ててきた。大きなスクープを獲ると、部数が伸び、世間に認知され、情報提供が増える。「ここで仕事をしたい」という腕利《うでき》きの記者たちも集まってくる。

「スクープで売れる時代ではない」「お金をかけない、もっと省エネで記事を作る知恵も必要だ」と言われることもあった。健康や性への読者の不安や興味に応える記事を作る週刊誌も増えている。

企業が苦境に陥った時、真っ先に手を付けるのが経費の削減だ。机に向かって頭で考えて作った記事はスクープほど経費がかからない。売り上げの落ち込みを、経費の削減でカバーして利益を確保するというやり方もあるのかもしれない。あるいは刊行点数を減らして経費を減らすという方法もある。

だが、読者はそれで満足してくれるだろうか。

週刊文春のことを信頼してくれるだろうか。

そもそも私自身、そのような仕事のやり方には満足できない。スクープを放棄するくらいなら、とっくに別の仕事に就いていただろう。それはおそらく現場の記者たちも同じで、スクープこそがモチベーションを維持してくれるのだ。

週刊文春はこれまでずっとスクープ力を磨いてきた。これからもスクープを出し続けることで唯一無二の存在になれるはずだ。

この土壌でさらに幹を太くしていく。スクープを獲ることから生まれる好循環をビジネスに活かす。こうした「筋のいいストーリー」こそが週刊文春の成長戦略につながる。

一橋ビジネススクール教授の楠木建《くすのきけん》さんは『ストーリーとしての競争戦略』（東洋経済新報社）の中で、こう書いている。

《戦略の実行にとって大切なのは、数字よりも筋の良いストーリーです。過去を問題にしている場合であれば、数字には厳然たる事実としての迫力があります。しかし、未来のこととなると、数字はある前提を置いたうえでの予測にすぎません。戦略は常に未来にかかわっています。だから、戦略には数字よりも筋が求められるのです。（中略）筋の良いストーリーをつくり、それを組織に浸透させ、戦略の実行にかかわる人々を鼓舞させる力は、リーダーシップの最重要な条件としてもっと注目されてしかるべきだというのが私の意見です》

週刊文春にとって、その一丁目一番地は、間違いなくスクープをデジタル上でマネタイズすることにある。三年間でその成果は少しずつ表れてきた。いまやDX（デジタル・トランスフォーメーション）はすっかりビジネス流行語だが実際その道しかないのだ。

プラットフォームから、主導権を取り戻せ。

インターネットの登場以降、多くの企業は巨大プラットフォームに主導権を握られてきた。

グーグルワークスペースというシステムを導入している企業はたくさんあるだろう。個人で使う無料のグーグルカレンダーとは違って、かなり高額の利用料を支払っている。

アプリも同じだ。使うたびにアップルに対して三〇パーセントほどの手数料が生じる。

だからといって、そんなの馬鹿馬鹿しいからやめる、とは言えない。それほどまでにわれわれの日常に深く根づいてしまっている。つまり主導権は完全にグーグルやアップルに握られているのだ。彼らが一方的に値上げすると通告してきても逆らえない。旧来メディアも足元を見られ、記事をタダ同然で買い叩かれてきた。ビジネスをする上で極めて重要な価格決定権を押さえられているということだ。

人がたくさん集まる土俵を作り、自分たちに有利なルールを作る。そこに参加するためにはルールに従わなければならない。それこそがＧＡＦＡ（Google, Amazon, Facebook, Apple）はじめ、巨大プラットフォームの力の源泉なのだ。

どうすればゲームチェンジできるのか。

彼らとの「不平等条約」を改正するためにも、スクープは有効なのだ。彼らがどうしても欲しがるスクープを出し続ける。大切なのは、「頼む」のではなく「頼まれる」、「追いかける」のではなく「追いかけさせる」関係を築くことだ。

実際に週刊文春では、多くの巨大プラットフォームと対等な形でビジネスを進めることができるようになってきた。配信料等についても、お互い納得の上で決める。

これは他メディアとの関係においても同様だ。

二〇一六年一月、甘利《あまり》明《あきら》経済再生担当大臣が大臣室でワイロを受け取っていた疑惑をスクープした際、贈賄側のネタ元（情報提供者）は週刊文春が囲っていた。担当記者は長い時間をかけてそのネタ元と信頼関係を築いており、何をするにも記者のアドバイスに従ってくれる状況だった。編集部には、新聞、テレビから取材依頼が殺到し、ネタ元へのインタビューを求めてきた。その結果、われわれは他のメディアを巻き込みながら、スクープ第二弾、第三弾に向けて、状況を有利にコントロールすることができた。

そこからしか出ない情報、そこでしか読めない情報には圧倒的な価値があり、主導権を握ることができる。

これもスクープを獲り続けることによって生まれる「筋のいいストーリー」なのだ。

コンテンツを届ける「流通経路」を増やす。

減ってきた販売収入と広告収入に代わる新たな収益源はデジタルしかないと考えていた私は、編集長時代から少しずつデジタルシフトを進めてきた。

雑誌の宣伝をメインにした週刊文春ＷＥＢでいくつかの記事を出すことから始まり、日本最大のプラットフォーマーであるヤフーニュースを通じて記事の無料配信を開始し、ＰＶ（ページビュー・閲覧数）に応じて収入が得られるようになった。

さらにＬＩＮＥ ＮＥＷＳやヤフーニュース、文春ｅ－Ｂｏｏｋｓでは週刊文春のスクープ記事のバラ売りを開始。無料配信する記事でスクープの一部を紹介し、全文を一本一〇〇円から三〇〇円で販売するようにした。〈佐々木希、逆上・渡部建「テイクアウト不倫」〉(二〇二〇年六月一八日号)は、一本三〇〇円で四万本以上売れて、PVは九〇〇〇万を超え、このスクープだけで数千万円の収益が得られた。

ドワンゴと組んで二〇一四年には有料メルマガ「週刊文春デジタル」をスタート。動画配信サイトのニコニコチャンネル内で週刊文春のスクープ記事が発売日の早朝五時に配信されるサービスだ。

文藝春秋の全社的なプラットフォームであるニュースサイト・文春オンラインにも週刊文春の記事を出すようにした。当初は、紙の週刊文春が売れなくなると考え重要な記事は出さなかったが、出し方を工夫すれば大きく稼げることがわかってきた。

後で詳しく述べるが、大きな転換点は二〇一九年に文春オンラインが週刊文春編集局に統合されたことだ。コンテンツの製作と拡散が同じ局内で行われることで効率化が格段に進んだ。さらに両者の心理的な壁が一気に低くなり、仲間意識が芽生えた。統合前は五〇〇〇万から六〇〇〇万だったPVがすぐに一億を超え、今では五億に迫ろうとしている。

週刊文春の発売日前日に目玉となるスクープのダイジェスト版を文春オンラインで先出しするとＰＶが爆発的に伸びる。それが文春オンラインと週刊文春双方にとって大きな宣伝となる。スクープを読みたくて文春オンラインのサイトに来た読者は、さらに詳しく知りたければ課金して全文を読んでくれる。その記事を読み終わったあともサイト内の別の記事を回遊しながら読んでくれることも多い。

スクープをテレビ番組が紹介すれば、記事や動画の使用料も入ってくるようになった。ワイドショーやバラエティ番組で週刊文春の記事を使用した場合には、料金をいただくようにしたのだ。それまでは、雑誌の宣伝になるからと無料だったのだが、二〇一六年のベッキーさんのスクープの際に週刊文春の記事だけで、三十分も一時間も番組を作ってしまうケースが相次いだ。それではテレビだけでお腹《なか》がいっぱいになって雑誌が売れなくなってしまう。そこで有料化に踏み切った。テレビ局側にとってもお金を払ってでもほしいコンテンツだと思ったからだ。当初はひとつの記事につき三万円、動画は五万円だったのだが、二〇一七年の山尾志桜里《やまおしおり》さんの〈お泊まり禁断愛〉の際に、記事五万円、動画一〇万円に値上げした。山尾さんの動画は一〇〇番組以上に売れた。二〇一九年度は、一億円を超える売り上げを計上。これもまさに「スクープで稼ぐ」仕組みのひとつだ。

一方で、週刊文春の名前は出さずに記事の内容を伝えるテレビ局には厳重に抗議をしている。スクープというコンテンツを使ってビジネスをする以上、コンテンツの価値への理解を求めるのは当然のことだと考えるからだ。

こうしてわれわれはコンテンツを読者に届けるための流通経路を増やし、読まれる工夫を重ねることで「稼げるデジタルシフト」「稼げるDX」を目指している。ただし「はじめに」で紹介した藤原ヒロシさんの問いかけは、常に胸に刻んでおかなければならない。

デジタルシフトによるメリットは他にもある。画期的だったのは、「文春リークス」だ。サイト上で読者が週刊文春に情報提供する仕組みで、開始以来、寄せられる情報の質と量はどんどん高まっている。提案した当初は役員会で認められなかったが、当時の編集局長を通じて丁寧に説明してもらい、許可を得ることができた。

もうひとつは、メールマガジン会員へのアンケートで、私が編集長になるまでは経費をかけて、外部に依頼していたものを自分たちで迅速に行うように変えた。このアンケートは、読者とのダイレクトなつながりを深め、お互いに顔の見える関係を築く上でも大きな可能性を秘めている。

収益構造を変えるには、組織を見直す。

二〇一二年と二〇二〇年の週刊文春関連の収益を見てほしい（43ページ図表）。トータル金額はそれほど変わらないが、内訳がまるで違っていることがわかってもらえるだろうか。これが〝新たな仕組み〟の成果だ。

私が編集長に就任した二〇一二年は、週刊文春の売り上げと広告収入が収益のすべてといっていい。収益は、雑誌の販売部数に大きく依存していたのだ。

ところが二〇二〇年は、収益構造が劇的に変化している。この八年間で週刊文春は、デジタルで稼ぐ仕組みを少しずつ整えて成果を積み上げてきた。

最初に目につくのは、オンラインで記事を公開しPVに連動して入る広告収入が大きく増えたことだ。さらに記事のプラットフォームへの配信料、バラ売り収入、テレビ局などから入る週刊文春の記事や動画の使用料、有料会員で成り立っている週刊文春デジタルの購読料、そして週刊文春出版部の書籍売り上げ、週刊文春WOMANの売り上げなど、新しい収益がどんどん生まれている。二〇二〇年は前年をわずかに下回ってはいるが、コロナ禍で広告収入が大幅に減ってしまったことと、二〇一九年には『反日種族主義』（李栄薫《イヨンフン》・編著）が四〇万部を超えるベストセラーとなったことが大きな要因だ。一方で文春オンラインの広告収入は、二〇二〇年にさらに大きく伸びている。もちろん編集部から編集局へと規模を拡大したことで人員も増えているから、単純に比較することはできないが、進むべき方向は間違っていないとの手ごたえはある。

そして目下、最も力を入れているのが、二〇二一年三月に立ち上げた「週刊文春電子版」である。詳細は後ほど述べる。

収益構造を変えるためには、組織の再編も必要だった。

二〇一八年に編集局長に就任して最初に行ったのは、それまで週刊文春編集部内にあ

週刊文春連結収益内訳 2012〜2020年度

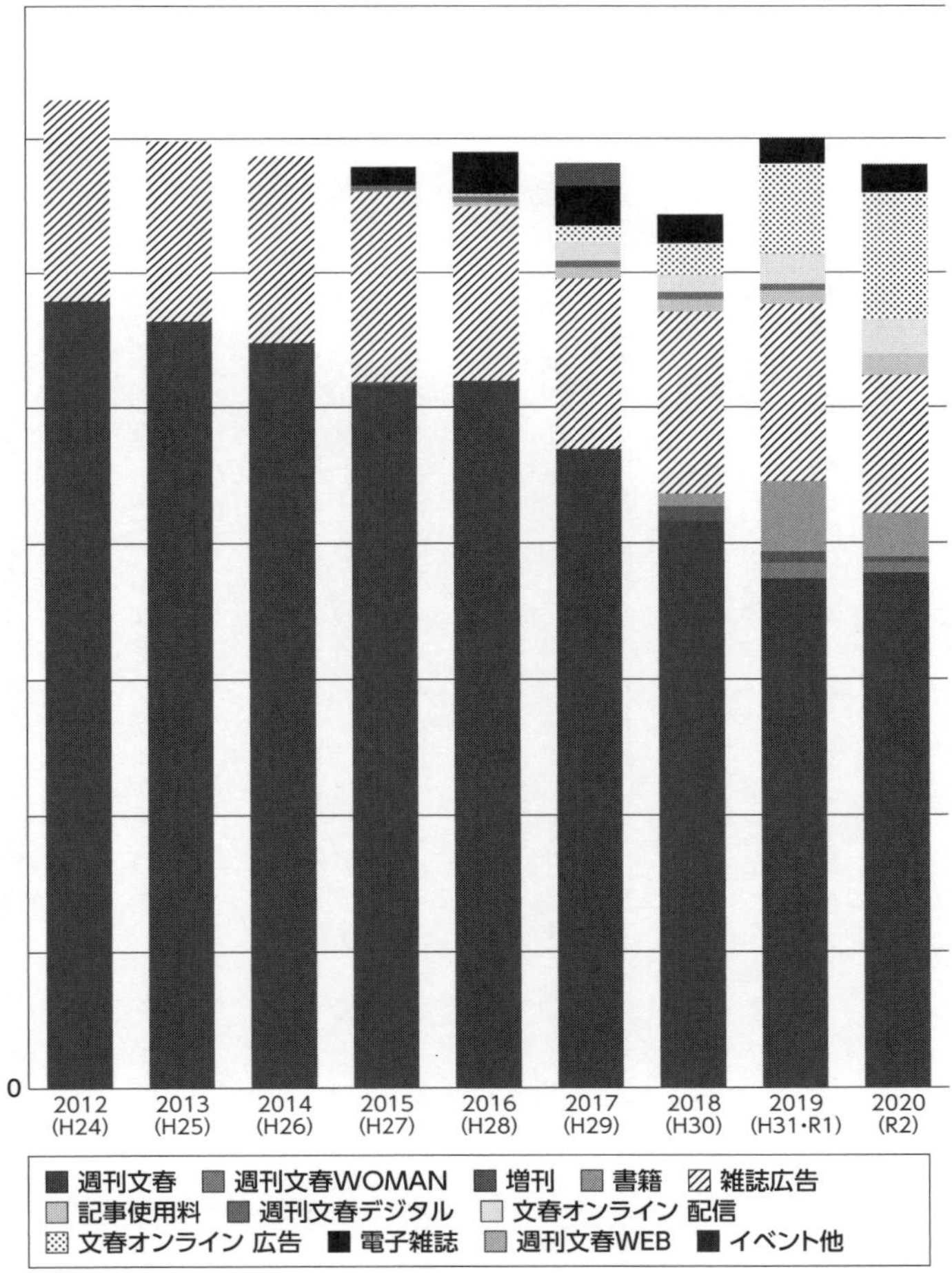

注　2020年度から「週刊文春デジタル」の売り上げは「記事使用料」に含めている。

った週刊文春デジタル班を週刊文春デジタル編集部として独立させることだった。これはデジタルシフトをさらに積極的に進めていくという「宣言」でもあった。

さらに、週刊文春出版部を創設した。これまで週刊文春の連載記事をまとめて書籍やムックにする作業は、おもに書籍を担当する社内のほかの部署でやっていた。

だが週刊文春のオリジナル記事をほかの部署の担当者が書籍化するとなると、どうしてもワンテンポ遅れてしまう。クオリティの面でも、記事ができる過程で、執筆者と編集部の間でどのようなやりとりや背景があったのかが伝言ゲームになり、隔靴掻痒《かっかそうよう》の感は否めない。週刊文春で企画した記事なら内容についてもこちらが圧倒的に詳しいし、書籍化できそうな企画は、スタート段階から書籍編集者が伴走することもできる。何より書籍・ムック完成までのスピードが違うし、刊行後は週刊文春、文春オンラインと連携して、効果的に宣伝できることも大きい。

こうして出版部からは、機動力のある書籍やムックがどんどん生まれるようになった。たとえば、週刊文春に掲載した記事をまとめた『週刊文春新型コロナウイルス完全防御ガイド』は、一回目の緊急事態宣言が出た二〇二〇年の四月七日の三週間前、三月一七日に発行した。これは週刊文春に掲載した記事への反響が大きかったことから、途中で記事に加筆してムックにまとめることを決めたものだ。担当記者もムックにまとめることを念頭に取材し、編集作業にも加わったためスピーディに出版できた。同様の手法で『週刊文春新型コロナ完璧サバイバルガイド　ワクチンのすべてがわかる！　２０２１最新版』も出した。いずれも発売にあわせて文春オンラインで目玉記事を公開している。

週刊文春出版部を作ったことで、コンテンツのアウトプット先が広がり、機動力はどんどん増している。

これがワンソースマルチユースによるマネタイズだ。一つのスクープ、コンテンツを文春オンライン編集部や週刊文春出版部といったさまざまなデバイスを使って、より多くの読者に届けることで売り上げを伸ばしている。

組織は「横」に連携せよ。

週刊文春編集局には、三人の編集長と二人の部長がいる。加藤晃彦・週刊文春編集長、渡邉庸三・文春オンライン部長、竹田直弘・文春オンライン編集長、小田慶郎・週刊文春出版部長、井﨑彩・週刊文春WOMAN編集長だ。局長の私は全体の状況を俯瞰《ふかん》して、部門間の橋渡しや調整をしたりしながら、どんな形で連携すれば編集局としての収益を最大化できるのか、一＋一、一＋一＋一を五や一〇にしていくためには何が必要かを常に考えている。

週刊文春のスクープ〈森友自殺財務省職員遺書全文公開「すべて佐川局長の指示です」〉（二〇二〇年三月二六日号）は、森友事件の核心部分に迫る内容で、大きな反響を呼んだ。このスクープを放つことができたのは、週刊文春編集局全体がうまく機能したからだ。

この記事を担当した大阪日日新聞記者の相澤冬樹《あいざわふゆき》さんはもともとNHKの記者で、森友事件を熱心に取材していたところ、突然記者職を解かれてしまった。それを不服に思った相澤さんはNHKを退社することになり、そのタイミングでかつて週刊文春の記者だった西岡研介《にしおかけんすけ》さんが私に紹介してくれたのだ。私は話を聞いてすぐに本を書くことを勧めた。

「相澤さんが、これまで取材してきたこともNHKを辞めるにいたった経緯も含めて全部書いてください。すぐに出しましょう」とお願いして、週刊文春出版部から緊急出版したのが『安倍官邸vs.NHK』という書籍だ。相澤さんと初めて会ったのが二〇一八年八月で、一二月に出版したのだから、かなりの突貫工事だった。

この本は、森友事件の全貌と財務省およびNHKの忖度ぶりを詳細に書いたもので、発売と同時に週刊文春で「私がNHKを辞めた理由」という記事を出し、さらに記事の一部は文春オンラインで先出しした。

本は発売直後から好調で、一〇万部のベストセラーになった。

この連携の流れはさらに続く。

相澤さんは、自殺した財務省職員の妻、赤木雅子《あかぎまさこ》さんとずっとやりとりを続けていた。遺書の存在も知っていたが、相澤さんから見せてほしいと頼むことはなかった。だが、雅子さんはある日、意を決して、遺書を相澤さんに託したのだ。

相澤さんはすぐに週刊文春出版部の小田部長に伝えた。そこから週刊文春の加藤編集長に話がつながり、加藤編集長は一二ページを割いて紹介することを決断。これが〈森友自殺財務省職員遺書全文公開「すべて佐川局長の指示です」〉だ。この号は大スクープとなり完売した。さらには、完売したことで記事を読むことができなかった読者のために、一週間後には文春オンラインで全文を無料公開した。

これもまさにスクープで稼ぐ仕組みだ。紙の週刊文春、出版部、そして文春オンライン——編集局がひとつの生命体として有機的、合理的に機能すれば、一＋一＋一は五や一〇になるのだ。

マネジメントは「命令しない」。

編集局長の仕事は、まず戦略を立てることだ。どんな稼ぎ方ができるのかを提示し、目標を明確にする。私は二〇一八年に編集局長に就任するにあたって、社長や担当役員に「週刊文春の成長戦略」と題するレポートを提出した。その中には「文春オンラインの統合」「週刊文春出版部の創設」など、今につながる基本戦略を書いている。戦略を立てる上で大切なのは、筋のいいストーリーを描くことだ。どこかに無理や矛盾がある戦略は、目先の利益は得られたとしても、持続可能ではない。

次にその戦略の具体的な中身について、各編集長、部長とたっぷり時間をかけて話し合い、コンセンサスを得ることだ。経営陣に提出した成長戦略のレポートについても、もちろん事前に五人の編集長、部長と共有しブラッシュアップしている。この時に大切なのは、命令しないことだ。

編集局長にとってのマネジメントは、編集長にとってのマネジメントとは大きく異なる。編集長という大きな責任を背負って仕事をしている人間は、もともと高いモチベーションを持っているし、自分なりの仕事のやり方もある。もちろんプライドだってある。実力も経験もある編集幹部をまとめるとなれば、現場に近い立場で記者やデスクを指揮していた編集長時代のやり方は通用しない。

私が最初に決めたのは、命令しないことだ。感想は伝える。提案もする。だが「こうしろ」と命令はしない。すべて任せる。

高いモチベーションを持つ人間は、命令されるとシラける。編集局長の役割は、彼らのモチベーションをうまく成果につなげられるようサポートすることだ。「雑誌は編集長のもの」なのだから、編集長自身が考え、実行することでいいものができる。誌面にも一切介入しないと決めていた。

だから編集局長に就任して以来、私が編集長の頭越しに現場のデスクや記者に仕事上の指示を出したり、何かを確認したりすることはない。現場をグリップするのは編集長の仕事だからだ。院政のようになってしまうことは絶対に避けなくてはならない。

私と編集長との関係は、編集長がデスクに、デスクが記者に命令する関係とは違うのだ。それを常に意識している。現場のことはほとんどすべて任せているから、私が知らない企画がどんどん進んでいることもある。

ここで間違いを起こしやすいのは、「聞いてないよ」と怒り出すことだ。これはよくある〝局長病〟のひとつで、つい自分の存在感をアピールしたくなるリーダーが陥《おちい》りがちだ。局長に限らず、どこの会社にもそういう人間はいるのではないだろうか。

リーダーがそれをやると、現場のスピードは確実に落ちる。聞いていなくてもうまくいっていればいいではないか。「聞いてないよ。報告しろ」などと怒る必要はまったくない。現場は必要と思えば報告してくるし、逆にトラブルが起きて対外的に説明する必要がある時は、局長が進んで前に出ればいい。

何か問題があれば、最後は私が責任を取る。その覚悟の上で、それでも命令はしないという関係だ。

ただし必要に応じて、きめ細かいコミュニケーションは心がけている。編集長時代も含めた経験があるから、タイトルやラインアップなどに対して感じることがあれば伝える。「面白そう」と思ったものはその都度、編集長たちにメールする。

そんな私の思いつきから生まれたキラーコンテンツが「売春島」だ。これは私が『売春島　「最後の桃源郷」渡鹿野島《わたかのじま》ルポ』（高木瑞穂、彩図社）という本の新聞広告を見て「ずいぶんストレートなタイトルの本だな」と興味を持ち、文春オンラインの渡邉部長と竹田編集長にメールを送ったことがきっかけとなった。

売春島こと渡鹿野島とは、三重県にある島で、古くから売春が盛んに行われてきたという。八〇年代のバブル絶頂期には、島内にパチンコ店からホテル、スナック、居酒屋が立ち並び、かなり賑《にぎ》わっていたらしい。

この本は単行本、文庫版合わせて九万部を超えるベストセラーで、文春オンラインではすぐに版元の彩図社さんと連絡をとり、そこから本の紹介や著者へのインタビュー記事、さらに著者の高木さんに新たな取材をお願いして、〈「5人ほど売り飛ばしましたよ」ヤクザが暗躍、公然と女性が街中で…三重に実在する〝ヤバい島〟〉などの、オリジナル記事も書いてもらった。それらは今も文春オンラインでよく読まれている。「売春島」というテーマをここまでのコンテンツに育て上げたのは、まさに現場の力だ。下世話なネタだと思われるかもしれないが、デジタル上で読まれるテーマは、〝興味はあるけど知らない世界〟であることが多いのだ。

「面白そうな人がいるよ」と竹田編集長にメールしたら、「すでにインタビューをお願いしています」と返事がきて頼もしく思ったこともある。

私の提案に対して「ちょっと違う」と感じるものはスルーしてくれていい。提案されたら断れないようだと、それは提案ではなく命令だ。もちろん忖度はゼロではないだろうが、「ちょっと違う」を言いやすくすることも大事だ。

いっぽうで、すべて自分で決定して現場の責任を引き受ける編集長は孤独だ。だから編集長が悩んだり迷ったりした時には相談に乗り、アドバイスできる存在でなくてはならない。普段現場からは上がってこないようなネガティブな情報を、あえて伝えることも大切だ。雑誌には作っている編集長の人間性がにじみ出る。人間誰しも長所もあれば短所もある。それを一歩引いたところから眺めながら、強みを最大化し、弱みを目立たなくさせるための助言を、あくまでもさりげなくしたいと常日頃考えている。

監督ではなく、「GM」思考で任せる。

戦略を立て、それを編集長、経営と共有できたら、次はチーム作りに取りかかる。役割としては、プロ野球のGM（ゼネラル・マネージャー）と同じだ。

私は編集局長の仕事の七割は人事ではないか、と思うことがある。そのくらい人事の巧拙は組織の命運を左右する。

人事において、最も重要なのは情報である。日頃から「A君は政治に詳しい」「Bさんは週刊文春特集班に異動したがっている」「CとDは抜群に相性がいい」あるいは

「犬猿の仲だ」といった細かい情報を吸い上げておく。それぞれの資質、適性、モチベーション、人間関係などを細かく把握しておくのだ。どの組織にも内部事情に詳しいキーパーソンがいるから、そういう人物には折に触れて話を聞く。ただしワンソースだとどうしても偏《かたよ》りが出るので、日常的に複数のルートから情報を集める。

霞が関の官僚人事に大きな影響力を持つ政治家と、某省の事務次官人事について話した際、私が「次は○△さんが有力みたいですね」と聞くと、その政治家は即座にこう答えた。

「彼は上からの評判はいいんだけど、下からは散々なんだよ。その点、××君はまだ若いけど、上から信頼されているだけでなく、下からの人望も厚い。情報は上からも下からも取らないとわからないもんだよ」

結局、××氏はその省の事務次官に抜擢《ばってき》された。

優秀な人間はいろんな部署で取り合いになることが多いが、私は極力予断を持たないようにしている。本当に優秀なのかは一緒に仕事をしてみなければわからないし、ただ単にゴマすりがうまく人当たりがいいだけかもしれない。逆に他の部署で「使えない」とレッテルを貼られた人でも、実はまだ発揮していない大きなポテンシャルを秘めていることだってある。

週刊文春編集局は社内最大の部署だから、毎回異動ごとにかなりの人数が入れ替わる。私は前の部署で必ずしも評価されていなかった人にも先入観を排して「あなたに期待するのはこういう仕事だから、よろしく頼みます」と伝える。その結果、大活躍してくれたケースが実はたくさんあるのだ。

人事はもちろん適材適所。その時にその部署に必要な人材とは、どんな能力を持った人物かを、好き嫌いではなく、虚心坦懐《きょしんたんかい》に考えて粛々と行うべきものだ。

私は二〇二〇年からスポーツ誌「Ｎｕｍｂｅｒ」の編集局長も兼務しているが、その人事において、最も力を入れたのが、「Ｎｕｍｂｅｒ　Ｗｅｂ」のＰＶを伸ばすことだった。そのためには成功している文春オンラインの知見を惜しみなく投入するのが一番の近道だ。「Ｎｕｍｂｅｒ　Ｗｅｂ」の改革に強いモチベーションを持っている中村毅編集長のもとに、文春オンラインから二人が異動し、戦える体制は整った。当初は二〇〇〇万台だったＰＶも順調に伸び、六〇〇〇万を超えるようになった。

これは、文春オンラインの立場から見れば、エース格を奪われたことになる。だが文春オンラインのＰＶアップのノウハウが社内に広がっていけば、社にとっての利益となり、ひいては文春オンラインの利益として還元されることになるのだ。

人事の失敗を少なくするためには、幅広く集めた情報をもとに、事前に入念な調整、根回しも必要だ。そのためにも社内の要所要所に信頼できるキーパーソンがいるといい。かくいう私は社内政治は得意ではないが、人事にはその人の生活、場合によっては人生がかかっているのだから、細心の注意を払っている。

まさにプロ野球のＧＭのように、勝てるチーム作りが実現したら、あとはひたすら監督を信じて任せる。もちろん細かいメンテナンスは必要だろう。トラブルの種があれば深刻化する前に乗り出して処理するし、責任を問われる場面があれば逃げずに前に出る。

ただあくまで主役は選手であり、監督なのだ。

「数字」から逃げるな。

私が週刊文春編集局長になって始めたことのひとつが、決算報告会だ。決算ごとに編集長たちを集めて、経理部の担当者から報告を受ける。週刊文春編集局はワンチームだが、それぞれの部門がどれくらい稼いでいるか、局内の収益の内訳を細かく説明してもらい、さらに経理から見た課題や提案を聞く。

週刊文春編集局で、大きな転換点となったのは文春オンラインの収益還元を実行したことだ。

どういうことか。文春オンラインは、ＰＶ数によって広告収入が得られるビジネスモデルだ。それまでＰＶによって得られた広告収入はすべて文春オンラインに計上されていた。

その広告収入を、コンテンツを提供した部に還元してほしいと、週刊文春の加藤編集長から要請があり、経営サイドに話をつけた。

組織は基本的に縦割りを優先する。週刊文春編集長は、週刊文春の部数を伸ばすことを考えるし、文春オンライン編集長は、文春オンラインのＰＶを増やすのが仕事だ。週刊文春からすれば、自分たちが作った記事を文春オンラインに出してＰＶを稼いでも、それが自分たちの実績としてカウントされないのであれば、ＰＶを増やすことに意欲が持てない。

だが、文春オンラインに週刊文春の記事がもたらした収益が、週刊文春のものになるとなれば、話は違ってくる。週刊文春編集部は、紙とオンラインを組み合わせて稼げばいい。文春オンラインに食われるのではなく、それを利用してビジネスにつなげるという発想の転換だ。

実際にはなかなか骨の折れる作業になったが、文春オンラインの渡邉部長、竹田編集長らが経理部の協力のもと、その仕組みを作り上げてくれた。読者ファースト、コンテンツファーストの意義を、編集長たちは十分にわかっている。

これによって編集長たちの意識がさらに大きく変わった。よりシビアに数字と向き合うようになったのだ。

週刊文春の発売日は決まっているから、スクープを獲っても発売まで待っているうちにタイミングを逸することもある。他のメディアに抜かれるリスクも当然ある。特に芸能スクープは文春オンラインとの親和性が高いこともあって、先出しするケースも増えた。中には文春オンラインだけで完結するスクープもある。

前にも述べたように、〈森友財務省職員遺書全文公開〉や〈渡部建「テイクアウト不倫」〉などのスクープは、週刊文春と文春オンラインをタイミングよく連動させることで社会的な反響が広がり、かなりの収益を上げることができた。

ビジネスを変革する時には、これまで得ていた成果を失う部署が出てくる。新しいビジネスによって、成果を横取りされたと感じる部署もあるだろう。こうした現場の不満を解消するために、経営側に新しい仕組み作りを提案するのも編集局長の仕事だ。成果をフェアに還元すれば、社内の抵抗はかなり抑えられる。この文春オンラインの収益還元は、月刊文藝春秋など社内の他部署に対しても行っている。

決算報告会では、私が全体のバランスを見ながら「来期は、全体で○×億円稼ごう」と呼びかける。目標の数字に対して責任を負うのは私だが、各編集長にも数字の重みをしっかりと伝え、どう連携すれば編集局としての収益を最大化できるか、みんなで知恵を出し合っているのだ。週刊文春編集局では現状で、年間六〇億から七〇億円の収益を目標としているが、編集局長はその数字の重みから逃げてはいけないのだ。

〝コンサル名人〟と〝コンプラ奉行〟に対抗する。

週刊文春編集局の成果を上げるためには、時に編集局長が壁にならなくてはならない。

このところ多くの企業で幅を利かせているのが、〝コンサル名人〟と〝コンプラ奉行〟だ。

コンサル名人は「この業務にこんなにコストをかけるのはムダです」「この部署は、この人数でこれだけしか利益を上げていない。人員が過剰です」などと経営サイドに指摘してコストカットを実行することが得意だ。経営サイドからは重用される人材だが、メディアに限らずものづくりは手間、暇、お金をかけることで、発想が広がる。コンサル名人が幅を利かせると、積極果敢な挑戦は影をひそめ、マンネリ的なものづくりに陥る。費用と効果を短いスパンで紐《ひも》づけていては、ビジネスは先細りするだけだ。

テレビ東京のディレクター・プロデューサーの上出遼平《かみでりようへい》さんが、「群像」二〇二一年四月号（講談社）で、制作したコンテンツが配信直前になってコンプライアンスの壁に阻《はば》まれた顚末《てんまつ》を書いていた。

上出さんは、ひとりで世界のあちこちに足を運び、「ヤバイ奴らのヤバイ飯」を一緒に食べる様子を映像に収めた人気深夜番組『ハイパーハードボイルド グルメレポート』のプロデューサーだ。リベリアで元少年兵たちが暮らす廃墟を訪れ、パームバターのスープを食べたり、ロシアのウラジオストクの北朝鮮国営レストランでチヂミを食べたりするなど、これまでにない番組だった。その上出さんが「テレビ以外の稼げるコンテンツを」と指示されて制作した暴走族の少年たちの音声配信を、上層部は「責任が取れない」として認めなかったという。まさに事なかれ主義のコンプラ奉行のお出ましだ。

こういう風潮で、局長としてできることは、現場が自由に動けるように、コンサル名人やコンプラ奉行が介入することを、体を張って阻止することだ。

まずコンサル名人には、数字で示すことが有効だ。スクープが週刊文春の部数やＰＶにどれだけの好影響を与えているか、動画などの使用料がどれくらいの収益を上げているかは数字を見れば明らかだ。

コンプラ奉行に対しては、法的な理論武装を心がける。われわれは文藝春秋の法務部、顧問弁護士とともに取材のガイドラインを作っている。

たとえば大きなスクープとなった〈菅首相長男　高級官僚を違法接待〉（二〇二一年二月一一日号）において、取材班は接待現場で音声を記録していた。これは取材手法として許されるのか。取材対象が取材されていることを認識しない状況で撮った動画や音声を公開する場合には、どんなリスクがあるのか。

そのリスクについて考える上で参考にしたのが、ガイドラインにある「記事の真実性の証明や裏付けのために、相当な手法で録取した音源や映像を、使用することも許容される」という考え方だ。

二〇一四年、ドイツのテレビ局がドキュメンタリー番組を通じて、ロシアの陸上競技選手たちのドーピングを告発した。その時に事実を証明したのは、禁止薬物の生々しいやりとりを隠し撮りした動画だった。こうしたエビデンスがないと事実を伝えることはできない。相手が否定したら、それで終わりだからだ。この時も公共性、公益性が十分にあると判断され、隠し撮りは問題にならなかった。

法律には解釈が存在するから、裁判で必ずしも勝てるわけではない。だが何より大事なのは、記事が問題になった時、その正当性を読者に向かって胸を張って説明できるかどうかだ。法的根拠と読者からの信頼を意識したリスクコントロールをしていれば、コンプライアンスの壁は突破できる。

リーダーの「顔」は、オープンソースである。

私は政治家や官僚、財界人、あるいはメディア関係者、芸能関係者などたくさんの人と会う機会がある。編集局長になってからは現場に張り付く時間が減ったことで、これまで以上に人と会うようになった。

そこで聞いた話は、さまざまな形で局内にフィードバックしている。ネタとして編集長に提供することもあるし、世間の風向きや温度感、政治や経済の中枢にいる人たちの現状認識や問題意識も伝える。そうした「外交」も私の役割だと考えているからだ。

時には、編集長たちに同行してもらい、私がどんな人と会って、どんな話をしているのかも可能な範囲でオープンにしている。もちろん明かすことができないネタ元もいるが、私の人間関係も、会ったり聞いたりして得た情報も、編集局の共有財産だと考えている。

編集局長は、現場の編集長たちよりも読者、つまりユーザーに近いところにいるべきだ。経営サイドに近づくにつれ、現場やユーザーと線を引きたがる人もいるが、編集局長こそ積極的に読者の近くにいて、ユーザー感覚に敏感でなければならない。そうでなければ稼ぐ仕組みは作れない。

編集長はどうしても現場の記者や編集者に近くなる。だが現場に寄り添いすぎるとユーザーから離れてしまうことがある。現場の論理を優先しがちになるからだ。

かつての私の上司で、週刊文春の名編集長といわれた花田紀凱《かずよし》さんは、「週刊文春は磁石のような雑誌だ」とよく言っていた。たくさんの人や情報が吸い寄せられてくるからだが、そこでしっかりと玉と石をジャッジすることが、リーダーの仕事だ。

外部との関係では、私が出ていったほうがいい場面もある。何にでも首を突っ込むことはしないが、ここぞという場面には出ていく。編集局長という立場は、会社のオフィシャルな顔として機能するからだ。

たとえばデジタル化にあたって、システム開発会社との間でコミュニケーションがうまくいかなかった時は、先方の責任者と話し合いの場を持ち、こちらの譲れない一線を伝え、相手の言い分も聞きながら決着をつけた。編集局長が出ていくことで、相手の出方が変わり、交渉が有利に運ぶことは少なくない。

編集局長はオープンソースだから、外部向けにも利用できるところはどんどん利用してもらいたいと考えている。

編集局長の仕事をまとめると、

①筋のいい戦略を立てる。
②その内容について編集長としっかりと話し合い、コンセンサスを得る。
③戦略を実現する上で最適なチームを構想する。
④人事・実務面で社内調整と根回しをする。
⑤あとは編集長を信じて任せる。
⑥トラブルが起きたら出ていって収める。場合によっては自ら責任を取る。

ということになる。

ど真ん中ブランディング。

これまで編集者は黒子であれと言われてきた。記者もそうだ。記事に書いてある内容がすべてであると教えられてきた。編集者や記者が顔を出すことで、記事に余計な情報が加わってしまう。新潮社の〝天皇〟と呼ばれた週刊新潮の伝説的な編集者、齋藤十一《さいとうじゅういち》氏も完全に閉じた存在で、人前はおろか社内ですらその姿を見たものは少ないと言われた。それでいて絶大な権力を持ち、四十年間、企画やタイトルにまつわるすべての決定権を握っていたという。人の集まるところには決して顔を出さず、自分の仕事をひけらかすこともせず、同業他社批判も一切しない。まさに黒子を地で行ったような人物だ。

私は、人間関係は比較的オープンにしてきたが、「編集者は黒子であれ」という不文律だけはずっと守ってきた。私と週刊文春がセットになってしまうことを避けたかったからだ。週刊文春はあくまでも透明な存在であるべきだと考え、編集長になってからも顔を出す取材はすべて断っていた。

これまではそれで問題はなかったのだ。だが今は、いい意味での広告塔が必要な時代になったと実感している。デジタル化が進み、あらゆる情報がフラット化すると、顔が見えないまま何かを発信しても、届かない。届いたとしてもうまく伝わらない。情報があふれているから他の情報との差別化ができないのだ。

週刊文春とはどういう理念のもとで、どんな人間たちが作っているのかを誤解がないように世の中に伝えるためには、顔を出して発信したほうがいい。そう感じたから、私は編集局長になって以降、顔を出して取材を受けることにした。目立ちたいだけだろう、出たがりだ、という批判は承知の上でのことだ。週刊文春をよりよく理解してもらうためには、私が進んで広告塔になろうと考えたのだ。

だから取材を受ける時は、それが週刊文春の看板を磨くことにつながるのかどうかを判断基準にしている。幅は広い。朝日新聞や毎日新聞、東京新聞のインタビューも受ける。産経新聞からの講演依頼も引き受けるし、「月刊Ｈａｎａｄａ」で週刊文春元編集長の花田紀凱さんとも対談する。いっぽうで、「はじめに」でも書いたようにファッション界のカリスマ、藤原ヒロシさんとだって対談する。最近ではフランスのフィガロや韓国の中央日報など、海外メディアから取材を受ける機会も増えている。思想的にも立場的にもさまざまなメディア、さまざまな人たちとフラットに付き合うことで、思想的な偏りがなく、どんな組織とも一定の距離を保っていることが伝わると思うからだ。私はこれを〝ど真ん中ブランディング〟と呼んでいる。そのバランス感覚ものすごく大事だ。

二〇一七年に出した『「週刊文春」編集長の仕事術』はダイヤモンド社、本書は光文社から声をかけていただいたことで始まった。他社が作ってくれることで、内容の客観性が担保される。それも週刊文春にとっては大いにプラスだ。

日本ジャーナリスト会議（ＪＣＪ）では、代表委員で朝日新聞の記者として活躍した藤森研さんと「しんぶん赤旗」日曜版の山本豊彦編集長と私の三人で調査報道について語るリモート講演会を行った。警察大学校の幹部研修で「週刊文春から見た警察捜査」

というテーマで話し、財務省の危機管理セミナーでは森友事件を取り上げた。時には地方講演にも足を運んでいる。講演では定期購読のチラシを配ったり、週刊文春電子版の宣伝もさせていただいている。こうしたPR活動もまた広告塔としての役割だと考えている。あらゆるチャンネルを積極的に使うことで、拡散力も増す。

最近ビジネス面でうまくいっている雑誌は、トップに立つ人間が広告塔になっていることが多い。

「VERY」（光文社）の今尾朝子さんや「dancyu」（プレジデント社）の植野広生さんといった名物編集長がそうだ。

今尾さんは数々のブランドのイベントに登壇したり、クライアントとのコラボ商品の開発にも積極的だ。植野さんはもともと週刊文春でも仕事をしていたグルメライターだが、言葉にリアリティがあり、BSフジで「日本一ふつうで美味しい植野食堂」というテレビ番組まで持っている。グルメな人たちが「dancyuが美味《おい》しいと書いている店なら、本当に美味しいだろう」と信頼するのもブランディングの成果だ。

変革期こそ、わかりやすくメッセージを伝える。

ＤＸの影響は編集局内にとどまらない。営業局は、書店や、書店に本を卸《おろ》す取次業者とこれまでずっと商売をしてきたのだから、営業先はがらりと変わる。メディア事業局は、これまでずっと紙の雑誌広告を中心に扱ってきた。ノウハウがないなか、手探りで新しいビジネスの方法を見つけなくてはならない。

今までと同じような働き方だと、半分しか稼げない。このままだと人間を半分に減らすしかない。理屈ではわかっていても、これまでやってきたことが否定されて、生々しいお金の話が出てくれば多くの人は拒否反応を示す。

そのことも十分理解した上で、思い切って舵を切らなくてはならない時がある。中途半端にやっていては勝てない時代なのだ。

新型コロナウイルスのワクチン接種で日本は大きく出遅れている。対照的に、接種率が高かったのはイスラエルだ。電子カルテの導入が進んでおり効率的に接種を進められたことも大きな要因だが、危機管理の専門家は「イスラエルは常に危機にさらされている国家ですから、国民の意識が違います」と言う。国民が危機感を共有して動いたからこそ接種が迅速に進んだのだ。

頭の中を「平時」から「有事」に切り替えるためには「イノベーション」が必要だ。P・F・ドラッカーは古典的名著『イノベーションと企業家精神』(上田惇生訳、ダイヤモンド社)の中で、企業家精神の四つの条件を挙げている。

《第一に、イノベーションを受け入れ、変化を脅威でなく機会とみなす組織をつくりあげなければならない。企業家としての厳しい仕事を遂行できる組織をつくらなければならない。そして、企業家的な環境を整えるための経営政策と具体的な方策のいくつかを実践しなければならない。

第二に、イノベーションの成果を体系的に測定しなければならない。あるいは少なくとも評価しなければならない。

第三に、組織、人事、報酬について特別の措置を講じなければならない。

第四に、いくつかのタブーを理解しなければならない。行ってはならないことを知らなければならない。》

三井住友フィナンシャルグループCEOの太田純《おおたじゅん》さんは、社内の意識を変えるために就任早々から、わかりやすく繰り返しメッセージを伝えている経営者だ。

月刊文藝春秋（二〇二〇年八月号）のインタビューでは、「単にお金を貸したり預かったりするビジネスから脱却しないと、我々に未来はないということです」と断言していた。「日本企業には、変えることへの拒否反応が根強くある。でもずっと同じことをやっていること自体が異常という感覚にならないと駄目です」とも言う。

そんなビジネスの変革期にあって太田さんは何をしたか。

キャッチフレーズ「カラを、破ろう」と呼び掛け、金融機関では珍しく、自由な服装での勤務を認める「ドレスコードフリー」も導入した。

就活学生に向けた会社案内の一行目には、「かつては、銀行と呼ばれていた」と書いである。

さらに若手社員から新しいビジネスプランを募集し、そのうちデジタル技術を活用した九つの新規事業を立ち上げることを決めたことで、九つの子会社、九人の社長が誕生した。最も若い社長は三七歳だ。メディアの取材も積極的に受けることで、改革への本気度を全社員に示しているのだ。変化への覚悟と挑戦を目に見える形で社内に浸透させる文字通りのイノベーションは、実に参考になる。

太田さんとは会食などでお会いすることもあるが、

「近頃イノベーション難民が多いですね」

という言葉が印象深い。何か改革しなければならないのはわかっているのだが、では一体何をすればいいのかがわからずに彷徨《さまよ》っている人たちのことだ。今こそ危機を乗り越えるリーダーの真価が問われている。

第2章

ブランディング

すべてのビジネスに「クレディビリティ」が必要だ

脳みそと心と性器をつかむ。

デジタルシフトを開始してすぐに気がついたのは、この世界は非常に過酷で、苛烈《かれつ》な戦場だということだった。

デジタルではＰＶも有料会員数も瞬時に数値化され、その数値で収入が決まる。われわれはこの世界で、きれいごとを言っていては稼げないという実にシビアな現実を突きつけられたのだ。この章では、デジタルでのビジネスとブランディングについて書いていく。

デジタルの世界では、社会的インパクト、社会的意義と、実際の収益、読まれる数は相関しない。

わかりやすい例を挙げれば、二〇一六年に〈ベッキーさんの禁断愛〉と〈甘利明大臣の金銭授受疑惑〉を同時期にスクープしたが、デジタル上のPVだけを比べればベッキーさんの記事が一〇倍読まれた。僅差《きんさ》などではなく、桁がひとつ違う。

当時の甘利大臣のスクープは、贈収賄現場を完璧に押さえた週刊文春史上に残るものだ。現職の大臣を辞任に追い込んだきわめて社会的意義の大きいスクープだったが、デジタルでは、ベッキーさんの記事が一〇倍読まれた。つまり一〇倍稼いだということになる。

これが厳然たる事実だ。ジャーナリズムという大義よりもむき出しの欲望に人の心は動く。これがデジタルのリアリティだとまず認識しておく必要がある。新聞やテレビや雑誌など、ジャーナリズムの最前線にいる人々が直面しているのもこのやっかいな問題なのだ。

では、どうすればデジタルで稼げるようになるのか。

紙の雑誌とデジタルを使い分け、時間差でスクープを放つことで拡散力が増す仕組みについては第1章で述べた。音声データや動画も記事と一緒にまとめて出すだけではなく、出すタイミングを見極めることで、より注目を集めることができる。

アウトプット先を使い分けることも必要だ。ヤフーとＬＩＮＥ、ドワンゴと組んだ週刊文春デジタルでは読者層が異なる。ヤフーは四〇代から六〇代の男性ビジネスマン中心、ＬＩＮＥは三〇代から五〇代の主婦、週刊文春デジタルは二〇代から三〇代のネット系男子というそれぞれの読者層に応じた記事を出す。数字を細かく分析すればするほど戦いは有利になり、収益も増える。

過去の記事が、収益を生むこともデジタルの特徴だ。沢尻エリカさんが二〇一九年に薬物所持で逮捕された時、われわれは、家宅捜索のわずか三時間前にクラブで踊り明かす彼女の映像を撮っていた。逮捕の一報を受けて、この動画と、七年前（二〇一二年）のスクープ記事〈元夫・高城剛氏が語っていた薬物問題の〝真相〟〉とを文春オンラインにアップしたら、ＰＶはぐんぐん伸び、関連記事を合わせて一億ＰＶに達した。その結果、文春オンラインは初めて月間三億ＰＶを超えた。

皇室関係の記事も長く読まれる傾向にある。何かのきっかけで思いもよらぬ稼ぎ方に気づかされるのもデジタルの面白いところだ。こうしたアーカイブ記事の有効活用は、今後ますます重要になってくる。ただし、先んずれば人を制す世界だから、世の中の状況に素早く反応しなければならない。過去のスクープ記事でも、新たな動きがあれば即座に再掲載している。

記事の選別も重要だ。週刊文春でよく読まれる記事と、文春オンライン上でよく読まれる記事は違うし、オンライン上でも無料で読まれる記事と、有料で読まれる記事は違う。こうしたノウハウは、やればやるほど蓄積されていく。

無料で読まれるのは、酒の席でも話題になりやすい記事だ。ちょっと話のネタに読んで見ようか、と思わせるもので、「読む将棋」や「売春島」シリーズ、「ナゾの終着駅には何がある」「事故物件」シリーズは人気だ。

逆に有料で読まれる記事は、どうしても「知りたい」「見たい」と思わせるものだ。これはやはりスクープ、特に芸能人の記事が強い。『GAFA 四騎士が創り変えた世界』（スコット・ギャロウェイ著、渡会圭子訳、東洋経済新報社）によれば、大事なのは、人間の脳みそと心と性器をつかむことだ。脳みそは知識欲、知りたいという欲望。心は感動したい、泣きたい、あるいは怒りたい、喜びたいという欲望。性器は要するに性欲だ。そのどれかを刺激すれば、人はクリックする。つまり数字を上げ、稼ぐことができる。ＧＡＦＡは人間の本能を支配しているから強いのだ。

文春オンラインは、書籍でいうと、新書の読者と重なる部分が大きい。新書は、身近なテーマをわかりやすく解説するものが多いが、オンライン上でもそうした記事は人気が高い。だから新書を出している出版社に連絡をして、文春オンラインに紹介記事を出しませんかと提案することもある。

最近は、文春オンラインが大きく成長したこともあって、出版社からの売り込みも増えておりコミックなども紹介するようになった。紹介記事にはアマゾンのリンクを貼って、記事を見た読者がすぐに購入できるように誘導する。文春オンラインで紹介されてアマゾンの順位が急上昇すれば、記事を提供してくれる出版社にとっても大きなメリットがある。われわれはそれでさらにページビューを稼げるから、Ｗｉｎ－Ｗｉｎの関係だ。文春オンラインも週刊文春同様に、磁石のようなプラットフォームを目指しているのだ。

判断基準は、「正当性」「合理性」「リアリズム」。

週刊文春編集局のデジタルシフトを進めていく過程で最も大きな組織の変革は、文春オンライン編集部を週刊文春編集局内に移したことだ。

文春オンラインは、松井清人《きよんど》社長（当時）の肝入りで文藝春秋全体の総合ニュースサイトとして二〇一七年にスタートした。オリジナル記事と文藝春秋から出る本のPRを兼ねた記事、週刊文春や月刊文藝春秋の記事を転載していた。

PVはスタート時から五〇〇〇万くらいまでは順調に伸びたが、その後、頭打ちになっていた。当時は週刊文春も月刊文藝春秋も無料サイトの文春オンラインに目玉記事を提供することはほとんどなかったし、自社の出版物を紹介する記事ではPVを稼げるとは言い難い。そうした状況下で、PV獲得のエンジンとなっていたのは、やはり週刊文春のスクープ速報だった。

その頃、週刊文春デジタル編集部も悩みを抱えていた。ニコニコ動画のプラットフォームを使っていたためユーザーの多くが若い男性で、アイドルのスキャンダル記事を出すと、有料会員数が跳ね上がる。有料会員数を増やそうとすると必然的にコアなアイドルファン向けの記事や直撃動画が増えていくが、方向性についてこれでいいのかとの迷いがあった。しかも離脱率も高かった。

そこで週刊文春デジタルの渡邉編集長（当時）と文春オンラインの竹田編集長が時間をかけて話し合い、文春オンラインは週刊文春編集局で一緒にやっていくべきだという結論に達した。そうすれば相乗効果が大いに期待できる。

それはもともと私の持論でもあったから、二人が出した結論を経営側に掛け合った。だが、抵抗は想像以上に激しかった。

「文春オンラインは会社全体のプラットフォームなのに、それをなぜ週刊文春編集局に移すのか」という意見から、「週刊文春の軍門に降《くだ》るのか」「筋が違う」という意見まで噴出し、まさに向かうところ敵だらけの状況だった。

私はリーダーが判断を下す上での三条件を「正当性」「合理性」「リアリズム」と考えている。

このケースは「正当性」は各部署によって判断が異なるものの、「合理性」と「リアリズム」は十分満たしていたと思う。

ここは「正当性」という名の理想論にこだわっている場合ではない。二〇一六年のスクープ連発で世間に改めて認知された週刊文春の力をとことん利用することで、文春オンラインを目一杯高いところまで引っ張り上げなければ、せっかく作ったサイトがもったいない。ＤＸはスピードが命だ。民主的なプロセスを経て、皆が納得できる結論を得るまで、ビジネスチャンスは待ってはくれないのだ。合理的かつリアルな判断が求められる。

そう考えた私は、とにかく二〇一九年内にＰＶを一億まで何としても持っていく、失敗したら全部責任を取ると談判して、最後は中部《なかべ》嘉人《よしひと》社長が決断してくれた。

その後、週刊文春デジタル編集部と文春オンライン編集部は完全に統合し、渡邉部長、竹田編集長体制が確立された。特筆すべきは渡邉部長率いる文春オンライン特集班で、PVを稼ぐスクープを日夜追いかけている。文春オンラインオリジナルのスクープによって多くのPVを稼ぐことで「自走するプラットフォーム」を目指しているのだ。

朝令暮改を恐れず、走りながら考える。

週刊文春編集局に統合以降、順調に成長してきた文春オンラインだが、大きな岐路に立たされたこともあった。文春オンラインでは、週刊文春デジタルとの統合当初、二つの大きな目標を掲げていた。一つ目はもちろんＰＶを伸ばすことである。年内一億ＰＶ達成が最低限のノルマだった。そして二つ目が、課金モデルの構築であり、そのためにはアプリ導入が近道と考えていた。実際にコミックアプリを成功させている企業とは渡邉部長、竹田編集長とともに具体的な協議を重ねた。

ところがここで嬉《うれ》しい誤算があった。ＰＶがわれわれの予想を大きく上回るペースで伸び始めたのだ。文春オンラインの人員は限られている。このまま「二正面作戦」を続けるよりは、まずは全精力をＰＶを増やすために注ぎ込み、ここが一つの天井、というレベルにまで引き上げるべきではないか。渡邉部長、竹田編集長も同じ考えだった。

さらに言えば、課金アプリの開発がなかなかローンチできる段階にまで固まってこないという現実もあった。むしろＰＶを目一杯伸ばして、文春オンラインのサイトパワーを最大化した上で課金モデルに取り組んだほうが、より好条件で、よりスケールの大きなプランを具現化できるのではないか。

そこで当初の戦略を転換して、課金アプリ計画はいったん凍結した。その結果、ＰＶが急増したのはこれまで述べた通りだが、社内、特に経営陣の一部からは「課金アプリ失敗」の責任を問う声が上がった。当然ながら責任を負うべきは私であり、そこから逃げるつもりは毛頭なかった。だが、当初の計画に縛られ、生煮えのまま課金アプリに突っ込む、あるいはＰＶをさらに伸ばす機会を失うことのほうが、組織にとってマイナスは大きい。徒労に終わる可能性が高い仕事を無理に前に進めれば、現場にも大きな負担を強《し》いることになる。経営陣にはそう丁寧に説明した。時には撤退する勇気も必要だ。

もちろん課金アプリ計画における試行錯誤で得られた知見が、今日、週刊文春電子版の開発に役立っていることは言うまでもない。

リーダーは朝令暮改を恐れてはいけない。戦況は生き物であり、刻一刻と変化している。その変化に神経を研《と》ぎ澄《す》まし、極力フリーハンドを維持しながら、戦略の優先順位をジャッジしなければいけない。デジタルという戦場においては、立ち止まってじっくり考える余裕などない。常に走りながら考えるのだ。

私が何度も読み返しているリーダー論の名著がある。フランスの軍人であり、大統領も務めたシャルル・ド・ゴールの『剣の刃』（小野繁訳、文春学藝ライブラリー）だ。そのなかの「ドクトリン――固定した原理、原則」と題した章には、こんなくだりがある。

《各特殊状況を的確に判断すること、これこそが指揮官の最も重要な役割なのである。状況を認識、把握、活用できれば勝利者となり、状況把握を怠り、判断を誤り、状況を無視すれば、敗北者となる。

戦争では指揮官は常に不測の事態に応じて的確な行動をしなければならない》

固定した原理、原則に縛られて判断を誤れば、現場は路頭に迷う。

リーダーに求められるのは、戦略を貫《つらぬ》き通すことではなく、勝利することなのだ。

社内の軋轢は、数字が癒やしてくれる。

たいていの組織は変化を嫌う。

昨日の延長線上に今日があり、明日があるという安心感を手放したくない。明日何が起こるかわからない「非連続」な状況は人間にとってきわめてストレスフルなのだ。

だからやはり誰かが責任を負って、ある程度力ずくでやらないと変化は起きない。変化に一番効くのは数字、実績だ。もっといえば、変革を起こすためには数字の力で押し進めるしかない時もある。

私がデジタルでどうビジネスを展開していくかを思案していた時、アドバイスを求めた人物がいる。

日本経済新聞社で「日経電子版」を成功させ、現在は専務取締役を務める渡辺洋之さんだ。日経電子版を進めていく上で、社内のさまざまな障壁を乗り越えてきた渡辺さんは、最後にこう言った。

「数字がすべてを癒やしてくれますから」

まさにその通りだった。

文春オンラインは週刊文春編集局に統合された二〇一九年四月に軽々と一億ＰＶを超え、一一月には三億ＰＶ、翌二〇二〇年五月にはついに四億二〇〇〇万ＰＶという記録を達成した。

そろそろ五億ＰＶも見えてきた。

デジタルへの抵抗感や嫌悪感は出版社につきまとう大きな壁で、文藝春秋社内にもたくさんの軋轢《あつれき》があった。だが渡辺さんの言葉通り、数字がそれを癒やしてくれた。

文春オンラインを週刊文春編集局に移したのは、短期間で数字を上げていくためには、週刊文春のスクープ力を最大限使うことが最短距離だと考えたからだ。

現在の状況がゴールだとは思っていないし、今後もずっと続くと決まったわけでもない。

この先、当初目指したようなオール文春プラットフォームとして戦える状況になれば、文春オンライン編集局として独立することを検討すればいい。デジタルの世界はそれくらいの柔軟性とスピード感が必要だ。経営陣に説明する際には「戦略的遠回り」という言葉を使った。

求められるコンテンツも移り変わりが激しく、活字一本足から、動画や音声へとシフトしつつある。読者参加型のコミュニティー作りも含めて、これからも臨機応変に進化していく必要があるだろう。

私はよくデジタルにおける「中身」と「外身」の話をするのだが、われわれが作っている記事、コンテンツは中身だ。

それに対して、そのコンテンツを読者に届けるプラットフォームは外身だ。外身の世界はまさに日進月歩で、より早く、より安く、より便利なプラットフォームが発明されれば、従来のデジタルの支配者は瞬く間に主導権を奪われてしまうだろう。それだけ栄枯盛衰が激しい世界なのだ。

だからわれわれの生きる道は、プラットフォームがいかに移り変わろうとも、「ぜひ欲しい」とどこからも頼まれるようなコンテンツを作り続けることなのだ。

私の目的は週刊文春編集局を大きくすることではない。今後いかなる状況になろうとも、変化に対応し、収益を上げ、スクープを追い続ける。そのための体制を盤石なものにしたいだけなのだ。

ＰＶ中毒になるな。

デジタルの大きな特徴は、情報の送り手ではなく、受け手が主導権を持って選ぶことができる点だ。

テレビとＹｏｕＴｕｂｅを比べればわかりやすい。

テレビには番組表があり、それに沿って放送する。家に帰ってテレビを点《っ》けても観たい番組があるとは限らない。しかしＹｏｕＴｕｂｅなら観たい時に観たいものが観られる。ネットフリックスもそうだ。映画館は作品ごとに上映開始時間が決まっているが、ネットフリックスならそういう縛りが一切存在しない。途中で見るのをやめて、後でそこから再開することもできる。

新聞や雑誌が提供してきた活字情報にしてもそうだ。スマホ上では、個人が発信する情報もメディアが発信する情報も、さらには動画や写真などのコンテンツもすべてがフラット化されている。だから競争が激しい。コンテンツ提供者は、スマホ上で限られた時間をいかに奪うか、しのぎを削っている。

「東洋経済オンライン」（東洋経済新報社）、「デイリー新潮」（新潮社）、「現代ビジネス」（講談社）、「NEWSポストセブン」（小学館）など、出版各社も続々とデジタルに進出している。

そこでPVを巡る熾烈《しれつ》な戦いになる。何が起こるか。

私が思い出したのは、一九八〇年代の写真週刊誌戦争だ。「フォーカス」（新潮社）に続いて、「フライデー」（講談社）、「エンマ」（文藝春秋）、「タッチ」（小学館）、「フラッシュ」（光文社）が創刊され、部数を争って、記事はどんどん過激なほうにエスカレートした。

そして行き着いた先が、ビートたけしとたけし軍団によるフライデー襲撃事件だ。

当時芸能人の私生活を追いかけることが写真週刊誌の仕事のひとつとされていた。フライデーの記者はたけしさんが交際していたとされる専門学校生への取材を強行した結果、女性は全治二週間の怪我を負う。それに腹を立てたたけしさんは、たけし軍団を引き連れ、講談社内にあるフライデー編集部に押しかけ、そこにいた編集部員たちに暴行を加えたのだ。以前からたけしさんは、フライデーの取材手法が腹に据えかねていたのだろう。事件後、たけしさんには、懲役六カ月、執行猶予二年の判決が下された。その後、写真週刊誌ブームは瞬く間にしぼんでいった。

数字には中毒性がある。部数やＰＶが増えると、止めどなく数字を追うようになってしまう。

フライデー事件を繰り返してはいけない。ＰＶを取るためなら何でも許されるわけでは決してない。

だからこれまで泣く泣くボツにしたスクープもある。衆議院議員だった宮崎謙介さんの「ゲス不倫」スクープ（二〇一六年）も編集部で話し合い、妻の金子恵美さんの出産が無事終わるまでは報じることを控えた。「やりすぎだ」「こんなことまでやるのか」となってしまえば、築いてきた信頼を一瞬にして失いかねないからだ。

それを踏まえた上で、報じるテーマ選び、報じ方に心を砕かなければならない。収益だけを求めるなら、俗情を刺激するようなスクープばかりをどんどん出していけばいいのかもしれないが、それでは週刊文春や文藝春秋の看板に傷が付く。「いつから芸能ゴシップ誌になったのか」という批判は常に自覚している。

「論語《ブランディング》と算盤《マーケティング》」のバランスをとる。

これまで多くの出版社は、いい本を作れば売れると信じてきた。

入社してくるのは「子どもの頃から本が大好きでした」という人が多い。彼らは「いい本を作りたい」「いい雑誌を作りたい」という情熱を持ち、本を作ることに誇りを抱く。いっぽうで、稼ぐことにはあまり執着せず、むしろそれを下品だと考える風潮さえあったように思う。

だが、その情熱だけでは読者に本を届けることができない時代になっている。

二〇二一年のNHK大河ドラマ『青天を衝《つ》け』の主人公で日本資本主義の父と呼ばれる渋沢栄一は、著書『論語と算盤』のなかで、士魂商才、武士の精神と商人の才覚をあわせもつことを提唱している。

《人の世の中で自立していくためには武士のような精神が必要であることはいうまでもない。しかし武士のような精神ばかりに偏って『商才』がなければ、経済の上からも自滅を招くようになる》（渋沢栄一『現代語訳　論語と算盤』守屋淳訳、ちくま新書）

渋沢栄一がすごいのは、江戸時代から稼ぐことの大切さを説いていたことだ。明治時代には、日本最初の銀行で頭取となり、生涯で五〇〇以上の会社の設立や経営に関与したという。

儲かるなら何をやってもいいとは思わない。だが、理想だけでは食えない。自分たちが大事にするものはしっかりと守り、磨き上げながらも、「算盤」の部分にもきちんと目を配ることが肝要だ。

われわれもデジタルの勝負では、このバランスを大事にしなければならない。どちらかだけでは生き残れない。

政治家のスクープばかりでは、食っていけなくなる。そういうスクープを獲り続けるためにも、稼げる記事を見極めなくてはならない。

デジタルの利点は、記事単体で収益化できるところだ。紙の週刊文春はさまざまなジャンルの記事で構成した一冊のパッケージとして売るが、デジタルでは一本いくらでバラ売りもできる。主婦層の読者が多いＬＩＮＥではジャニーズ関連の記事がよく売れる。

世間的にはそれほど知られていないアイドルであっても、文春オンラインで記事にすると、一〇〇〇万、二〇〇〇万ＰＶを取ることもある。その数字が即、広告収入に結びつく。文春オンラインの読者層は二〇代、三〇代が六割ぐらい。週刊文春は五〇代以上が中心だから、読者の興味も当然ながら違ってくるのだ。

デジタルにおけるマーケティングとは、どんなテーマや写真、筆者ならどれくらいの数字が取れるのかを計算して記事に反映させることだ。多くのデジタルメディアは、それぞれの記事のＰＶや読者の回遊率などのデータから、どうすればより読まれるかを徹底的に解析し、コンテンツ制作に役立てている。収益を安定化させるためには、たしかにマーケティングは有効だ。

だが問題点もある。もともとはニュースサイト界のガリバーだった東洋経済オンラインの教訓だ。彼らもＰＶを稼ぐのは「企業の給料ランキング」や「社長の出身大学ランキング」「ビジネス街の一〇〇〇円ランチ」など目線の低い記事が多いという。要するに俗なる好奇心を刺激したほうがページビューは稼げる。ただいっぽうで、石橋湛山《いしばしたんざん》が編集主幹だった名門経済誌の記事がそれでいいのか、東洋経済らしさはどこにいったのか、という声が社内外からあがる。

東洋経済オンラインのジレンマを見ていたから、文春オンラインも「文春らしさ」には気をつけている。ただ、それでも社内には今も違和感を覚えている人はいるだろう。文藝春秋における「論語と算盤」はこれからも続く重い課題なのだ。

デジタルにおけるマーケティングのもうひとつの問題点は、そもそもマーケティングが過去のコンテンツの延長線上にある以上、そこからは想像を超えたものが出てこないということだ。こういうネタを出せば、読者はよろこぶだろう、というマーケティング志向からは、前代未聞のコンテンツは生まれない。

ものやサービスを、作り手主導で作ることをプロダクトアウトと呼び、市場のニーズを反映させることをマーケットインと呼ぶ。ものづくりでは、作り手のこだわりに引っ張られた製品よりも、市場のニーズに合わせた製品がよしとされる。

だが、デジタルの世界でマーケットインを突き詰めてしまうと、読者は飽きてしまう。

そんなビジネスは持続可能ではないだろう。誰も見たことがないもの、思いもよらないものを作って、「こんなものがあるのか！」と好奇心を刺激しないと生き残れない。

だからこそ、スクープが武器になるのだ。

「そんなことが起きていたのか！」と驚かせることができる究極のコンテンツだから、スクープは強い。

私は、マーケティングとブランディングを対極にとらえている。マーケティングばかり追求してPVを稼ぐコンテンツを提供していると、ブランドを毀損《きそん》する。デジタルにおける「論語と算盤」とは、まさにブランディングとマーケティングのバランスなのだ。

「クレディビリティ＝信頼性」をビジネスに活かす。

デジタルという戦場で戦い続けるなかで、社会の風向きも着実に変わってきた。文春リークスへの投稿が増えているのも、寄せられる情報の質が確実に上がっているのも、スクープを通じて、どんな権力にも忖度しない姿勢が伝わっているからだろう。大変ありがたいことだ。

「週刊文春に書いてあることは真実だ」と信頼され、少しずつブランドとして認知してもらえるようになった。スクープをビジネスとしてとらえた時、それを持続可能なものにする上で最も大切なのが、この信頼だ。第1章の冒頭で紹介した河井夫妻のスクープがまさにそれに当たる。

一九七〇年代に週刊文春の編集長を務め、和田誠さんを表紙に起用した田中健五《けんご》さんは、編集長就任後初めての号にこんな言葉を残している。

《日本では「週刊誌」→スキャンダル→信用できない、といった常識が定着しているようです。しかしアメリカの「タイム」や「ニューズウィーク」などは、日本とは違ったニュース週刊誌であるとはいえ、非常にクレディビリティの高い雑誌です（後略）》

「クレディビリティ」とは、信頼性のことで、田中さんはこの文章を「週刊誌革命に挑んでみたい」と締めている。

二〇二一年に入り〈菅首相長男による官僚接待〉や〈東京五輪開会式関連のトラブル〉をスクープした時には、「文春、よくやった」という声がたくさん届いた。これまでもそうした声はいただいていたが、それがさらに大きく強くなってきたと感じる。

週刊文春のことを「もっと応援したい」という人たちのなかには、

「NHKの受信料を払うなら同じ金額を週刊文春に払いたい」

「新聞の定期購読をやめて週刊文春の定期購読をしたい」

と言ってくれる人たちまでいた。

信頼性の高いスクープを出し続けたことで、「文春に書いてあることは事実だ」と多くの人に信頼され、社会には週刊文春のようなメディアが必要だから、応援しようということならば、本当に嬉しい。

この追い風をビジネスにどう活かすか。

デジタルシフトを進めた初期は、流通経路の多様化を積極的に進めた。だがネットビジネスのトレンドは、移り変わりが早い。次第にＰＶ数に応じて収益が上がる「広告モデル」だけではなく、読者が有料コンテンツを購入することで収益を上げる「課金モデル」が注目されるようになってきた。日経電子版や会員制の経済メディア「ニューズピックス」はそれで成功している。

週刊文春もヤフーニュースやニコニコチャンネルなどに頼るだけでなく、自らプラットフォーマーとして独自の課金システムを持つべきだ。

権力に忖度しない週刊文春のスクープ力によって得られた信頼を支えに、読者との結びつきをもっと強く太くしたい。

アメリカでは二〇二〇年の大統領選を前に、ニューヨーク・タイムズやワシントン・

ポストの電子版が飛躍的に会員数を伸ばした。

これは、再選を目指す当時のトランプ大統領と本気で対峙《たいじ》し、報道し続けたからだ。とくにニューヨークタイムズは、ツイッターで読者に情報提供を呼びかけ、取材プロセスも公開するという新しいジャーナリズムの手法を提示した。

ただモノを売ればいいのではなく、社会的な意義を考えた提示方法が求められる時代になっている。

「週刊文春はリスクを取ってコストをかけて、強い相手でも果敢に挑む」「週刊文春は日本にとって必要なメディアだ」「だから自分も応援したい」という人たちに有料会員になってもらえれば、これほど心強いことはない。

覚悟は「人事」で示す。

読者のクレディビリティによって支えられる仕組みとして立ち上げたのが、「週刊文春電子版」だ。週刊文春のデジタル戦略は、従来のPVモデルに定額課金モデルを加え、より安定した収益を目指す。

週刊文春電子版がスタートしたのは、二〇二一年三月。会員は、月額二二〇〇円を払えば、発売日前日の一六時に、週刊文春のすべてのスクープ記事が読める。読みやすさを重視するから当面は、広告を入れない。オリジナルプラットフォームだから、アプリのように手数料はかからず、ほぼすべてが収益になる。

ファクトを報じるという性質上、紙の週刊文春の販売部数はどうしても号によってバラつきがある。それは仕方がないことだ。だが定期購読者が増えれば、安定した基盤ができる。これからもスクープを獲り続けるためにはそうした環境がぜひとも必要だ。

週刊文春電子版の立ち上げを急いだ理由はおもに三つある。一つ目はコロナ禍である。その影響により、世界的にデジタルシフトが一気に加速しているが、われわれにとっても他人事《ひとごと》ではない。緊急事態宣言のもと、書店やコンビニに行けない読者もいるだろう。どんな状況にあっても、週刊文春のスクープ記事を確実に読者に届けるためには一刻も早く立ち上げる必要があった。

二つ目は週刊文春発売前に事態が動くケースが急増していることだ。発売前に記事の内容が国会で質問されたり、議員や官僚が辞任する。発売まで待っていたのでは、世の中で起こっている出来事を正確につかめないこともあるのだ。

三つ目が流通の問題だ。長引く出版不況のもと、流通の現場はドライバー不足もあり、混迷を極めている。週刊文春は首都圏では毎週木曜日発売だが、北海道や九州では土曜日。これまで金曜日だった中国地方も今では土曜日になってしまった。事態は水曜日にどんどん動いているのに、雑誌が届くのが土曜日では読者の皆さんにまことに申し訳ない。電子版では基本的に連載やグラビアは読めないため、今後は営業局の協力のもと紙の週刊文春とのセット販売にも力を入れていきたい。

もう一つ、電子版立ち上げに際しての重要なポイントは、具体的な商品設計を週刊文春の加藤編集長に全面的に任せたことだ。雑誌のすべてのコンテンツに、誰よりも責任と愛情を持つ編集長こそが、それをいかにデジタル上で売っていくかについても考えるべきなのだ。だから電子版は、加藤編集長が文春オンラインの竹田編集長の協力のもとで進めたプロジェクトであり、私は要所要所で報告を受けてきた。

週刊文春電子版のスタートまでには、かなりの紆余曲折《うよきよくせつ》があった。最優先したのは、ストレスなく週刊文春の特集記事が読めることだ。課金システムに最初から完璧を求めるのは現実的ではないことがわかった。これはデジタルビジネスの宿命のようなもので、まずはスタートさせて、状況に合わせてマイナーチェンジを繰り返してアップデートしていくしかない。

最初は不具合も発生するだろう。だが、そういったトラブルをなかったことにするのではなく、公表し、クレームとそれに対するわれわれの対応も極力、見える化する。そうしたクレームの中にも新たなビジネスチャンスが隠れているかもしれないのだ。

会員向けには編集長やデスク、記者からのニュースレターを配信したり、逆に読者からの質問を受け付けることも考えている。ポッドキャストなど音声を使った配信にも可能性を感じる。会員限定のセミナーの開催や、アーカイブ記事も充実させていきたい。メディア事業局と組んで、クライアント向けに法人会員の獲得にも注力していくつもりだ。読者のニーズに応え、双方向のつながりを強めるコンテンツを拡充しながら、時間をかけてより良いものに育てていく。

新しいことを始める時は、社内の抵抗もある。日本経済新聞社の渡辺さんはその点でもアドバイスをくれた。

「日経新聞は不動産をほとんど持っていないから記事で稼ぐしかない。覚悟の問題です」

その覚悟をどうやって社内に示すか。渡辺さんの答えは「人事です」と明快だった。エースクラスの記者をデジタルに異動させることで、会社が本気でデジタルシフトに取り組んでいることを社内外に伝えたのだ。

今後、週刊文春編集局としては電子版に全力で取り組んでいく。

第3章
差別化戦略
最大の武器は「スクープを獲る」

書くべきことはリスクを取ってでも書く。

私の編集長時代、週刊文春はスクープを連発して、インターネット上では「文春砲」と呼ばれるようになった。この言葉のインパクトと相まって、週刊文春の存在は広く社会に認知された。多くの皆さんに知っていただくのは嬉しいのだが、実は私自身はこの言葉はあまり好きではない。なんだか物騒だし、偉そうな感じがするからだ。

私が編集局長になり、加藤編集長に交代してからは〈森友財務省職員遺書全文公開〉〈黒川検事長の賭け麻雀〉〈菅首相長男による官僚接待〉といった正統派のスクープを連発している。

そして先に述べた有料会員向けの週刊文春電子版がスタート。週刊文春はスクープを武器に着実に成長し、他メディアと差別化できていると感じる。今後もDXを一層推進することで一段とパワーアップしていきたい。スクープはネットとの親和性が高い。インパクトのあるスクープが、ネットで猛烈な勢いで拡散すると、収益もどんどん大きくなる。

なぜ週刊文春はスクープを連発できるのかとよく聞かれる。「本気で狙っているからです」と即答しているが、スクープを獲るための条件は三つある。

一つ目はまさに本気で狙う。「たまたま」獲れるスクープなど滅多にない。いいネタが上がってきたら本気で獲りにいく。ちょっと現実離れしたようなネタでも、「そんなことあるわけない」とボツにするのではなく、「本当だったら大スクープだ」と一歩踏み出す。

二つ目はコストをかける。手間、暇、お金と繰り返し述べているが、これらを惜しみなく注ぎ込んでこそスクープは獲れる。

三つ目はリスクを取る。スクープを獲る上で、リスクは避けられない。政治家、芸能界のドン……相手が強ければ強いほど、大きなリスクが潜んでいる。報じているファクトに問題があれば、激しい非難にさらされる。

二〇〇〇年代には名誉毀損の賠償額が跳ね上がるなど訴訟リスクが大きくなり、多くのメディアはスクープに及び腰になったように思う。訴訟をちらつかされただけで「負けたら自分で払え」と記者に告げるデスクや編集局長がいるかと思えば、「何かあっても責任は取らないぞ」と明言するトップまでいると聞く。

だが、週刊文春は逆の道を選んだ。怯《ひる》むことなくスクープを獲り、私は「何かあれば責任は取る」と言い続けてきた。『三位一体の経営』（ダイヤモンド社）で、著者の中神《なかがみ》康議《やすのり》さんという投資家は、こんなことを書いていた。

「呆れるほどのコストと腰が抜けるほどのリスクをとると、競争相手の参入への障壁を立てることができる」

これはまさに週刊文春が目指すビジネスモデルだと思わず膝を打った。この本の解説を書いているのは一橋ビジネススクール教授の楠木建さんだ。彼とトークイベントを行った時のことを思い出した。楠木さんはこう言った。

「週刊文春は儲かるビジネスの要諦《ようてい》を押さえています。儲かるビジネスというのは、価値はシンプル、プロセスは複雑なものです」
料理にたとえるなら、味はシンプルに美味しいのに、作り方は極めて複雑で、簡単にはマネできないものが儲かる。スクープも、読めばビックリしたり、面白かったり、頭にきたり、わかりやすい価値を持っているけれど、それを記事にするまでの過程は大変面倒なものだ。ビジネス戦略として、筋のいいストーリーを描けていると太鼓判を押されて心強かった。

世の中には週刊文春のように、相手が誰であれ、書くべきことはリスクを取ってでも書くというメディアが必要だ。

ただしスクープという武器を最大限に使うために、ファクトの裏付けは完璧に取る。九九パーセントまでファクトを固めていても残り一パーセントのリスクを無視したら取り返しがつかないことになりかねないからだ。しっかり裏付けるための手間と暇とお金を惜しまない。ファクトをしっかり固めれば、訴訟リスクは回避できる。

これまで私は裁判で何度となく負けを経験してきた。高い授業料を会社に払わせてしまったことは申し訳ないが、おかげで法務部や顧問弁護士とともに、裁判では何が問題になるのか、どこまでファクトを固める必要があるのかといった知見を積み上げることができた。

週刊文春は、二〇二〇年五月に〈現場スクープ撮5月1日、産経記者の自宅で〝3密〟6時間半　黒川弘務検事長は接待賭けマージャン常習犯〉（五月二八日号）というスクープを放った。

このとき、黒川弘務検事長（当時）が卓を囲んでいた相手は産経新聞の記者と朝日新聞の元記者だ。新聞記者と検事長との癒着を問題視する声もあったが、キーマンと仲良くなって食い込むのも記者の仕事だから、そのこと自体は問題ではないと私は考える。緊急事態宣言中に集まったことはたしかに問題だが、検事総長人事をめぐる騒動の渦中にいた黒川さんと一緒に麻雀をするような関係性を築いていること自体は大したものだ。

なぜ記事を書かないのか。そのことのほうがよっぽど問題だろう。

私なら記者に麻雀をしながら黒川さんに根掘り葉掘り話を聞かせたうえで、「黒川検事長、独占告白六時間！」という記事を書かせる。それなら読者も納得してくれるのではないか。もちろん黒川さんからは恨まれるかもしれない。だが、記者にとって問題なのは相手に食い込んだつもりが、取り込まれてしまうことだ。これを戒《いまし》めるために、私は「親しき仲にもスキャンダル」と言い続けている。

リーダーには、「言葉の重み」が必要である。

前項で述べた「親しき仲にもスキャンダル」は、週刊文春の姿勢をわかりやすく伝える言葉だ。

「親しき仲にもスキャンダルということは、僕のことも書くの?」と聞かれると、「ええ。もちろん書きます」と答える。「君と付き合う意味はないね」と言われて、二度と会わなくなった人もいるし、突然、電話がかかってきて、「君には裏切られた」と言われて、それっきりの人もいる。胸が痛まないといえば嘘になるが、それを背負う覚悟があるかどうかが問われるのだ。

私にとって最優先すべきは人間関係を維持することではなく、書くべきことを書くことだ。それを貫くことが、看板を磨き、週刊文春のブランドを守ることにつながる。

作詞家の秋元康さんは私のことを「まるで話が通じない」と言っていたと聞いたことがある。

芸能事務所は、所属タレントにまつわる放映権や出版権と引き換えに、メディアをコントロールしようとする傾向があるが、週刊文春にはそれが通じないということだろう。前田敦子さんがAKB48を卒業する時の記念ムックを文藝春秋が請け負っていたのに、週刊文春は前田さんのスクープを報じた。

「まるで話が通じない」。私はこれを褒め言葉だと受け止めた。話が通じる相手であっては週刊文春の看板に傷がつく。御《ぎょ》しやすい相手だと思われたら週刊文春は終わりなのだ。

物わかりの悪いメディアが、世の中に一つぐらいあっていい。強い相手に忖度して、書きたいことも書けず、伝えたいことも十分に伝えられないような状況のほうが危険だ。

リーダーの言葉に重みがないと、部下は動かない。口に出したことには責任を持たなければ覚悟は示せない。「親しき仲にもスキャンダル」と口癖のように言っていた私が、いざ自分の親しい人のことを現場が書こうとした時に、「この人だけは勘弁してやってくれ」と言ったら、私の言葉は一気に軽くなる。編集局長という肩書を背負っている以上は絶対に許されないことだ。

危機に陥ると、人の言葉は迷走する。長男の接待スクープが出た時の菅首相は、何度となく前言を翻《ひるがえ》した。

自分の言葉を重くするためには、言葉に責任を持つしかない。方針は口に出して部下に伝える。その上で、言葉への責任を果たす。部下は日頃からリーダーの一挙手一投足を注視しているのだ。

発する言葉に重みのないリーダーには、部下はついていかない。「あんたには言われたくない」と思うからだ。リーダーは「この人に言われたら仕方がない」と思ってもらえなければ務まらない。リーダーと部下との間に、信頼関係がなければ、いくら美辞麗《びじれい》句《く》を並べ立てても言葉は空回りするばかりだ。リーダーの言葉は届かず、部下は動かない。コロナ対策において、菅総理の言葉が国民に届かないのもまさにそれが理由だ。

山尾志桜里さんは、元検事の政治家で、働きながら子育てをする母親の代表として、

「保育園落ちた日本死ね!!!」という匿名ブログを紹介して、国会で待機児童問題を取り上げた（二〇一六年）。ところが自身はイケメン弁護士と週に四回も密会していたとなると、彼女が子育ての大変さを語る言葉は一気に軽くなってしまう。

これは、部下に対してだけではなく、上司に対しても同じだ。「今年中に一億PVにしてみせます」と言って実現すれば信用される。「こいつの本気は無視できない。しっかり向き合おう」と思ってもらえる関係性をいかに築くかが重要だ。「親しき仲にもスキャンダル」と言い続けていれば、人間関係が壊れてしまうことがあるのは先述した通りだ。

だが、相手から拒絶されたとしても、それで終わりだとは思っていない。またいつかつながることもあるから、いつも心の扉は開けておく。記事を書いても、相手の存在そのものを否定したわけではまったくない。政治家の山崎拓《やまさきたく》さんや小泉内閣の首相秘書官だった飯島勲《いいじまいさお》さんとは、切れた関係を修復させたことが何度もある。

同じ仕事を続けていれば、怒らせた相手のもとに依頼にいくこともある。相手が怒っているだろうと思えば腰が引けてしまうが、姑息《こそく》な駆け引きなどせず、単刀直入に相手の懐に飛び込んで、誠心誠意頼めばいい。

ダメでもいいのだ。次に頼んだ時は、「また来たか」と相手の心が動くかもしれない。頼むことはタダ。頭下げることもタダ。一歩踏み出した結果、局面が突破できることは少なくない。優れた記者の条件は、愛嬌《あいきょう》と図々《ずうずう》しさとマジメさなのだ。

もちろん願いが届かなかった経験もたくさんしている。それも含めて、人間は人間によって鍛えられ、学ぶのだと思っている。

報じるべき事実があれば報じる。

文春リークスがどんどん威力を増している。一日の投稿件数は平均すると一〇〇件以上で、事件や事故、セクハラ、パワハラ、金銭問題、不倫と内容は多岐にわたり、いくつものスクープにつながっている。驚くほど精度の高い情報が届くこともある。

ある大臣の辞任に至ったスクープも文春リークスへの情報提供がきっかけだった。その一行目には「警察だと途中で握りつぶされるかもしれないと思って文春に送ります」と書かれていた。

週刊文春ならなんとかしてくれる――。

提供者は、そう信頼してくれたのだ。涙が出るくらい嬉しかった。

週刊文春がスクープを放つと、それに呼応するように新たな関連情報が集まってくることが多い。それが記事の第二弾、第三弾につながっていく。

たとえば、舛添要一《ますぞえよういち》さんが都知事だった頃、公用車の私的利用や政治資金問題についてのスクープを週刊文春が報じたが、これは舛添さんがロンドンとパリへの外遊時に五〇〇〇万円以上使ったという産経新聞の記事がきっかけだった。

ネット上には、舛添さんに対する不信感があふれ、当時編集長だった私は、この人は金銭感覚がおかしいのではないかと思った。すぐにデスクと記者を呼んで、取材班を立ち上げた。第一弾のスクープを放つと、文春リークスにはどんどん情報が集まり、第七弾まで続くスクープになった。だが、それだけでは終わらなかった。

都政にまつわる情報が続々と寄せられたのだ。築地市場の移転問題や東京オリンピック利権、元都議会議長で〝都議会のドン〟と呼ばれた内田茂さんのことから、舛添さんの辞任後、都知事選に立候補した鳥越俊太郎さんの女性問題に至るまで、連鎖するかのように続々と情報が寄せられた。

週刊文春が最初のひと突きをしたことで、それぞれのところに溜《た》まっていたマグマが、次々と噴出してくるようだった。

なかには、「フライデーにも送っています」と書いてくる人もいるし、「いくらで買ってもらえますか」と尋ねてくる人もいる。だが、週刊文春はお金で情報を買うことはないので、その場合は、「よそへどうぞ」と伝える。記事につながった場合は、常識の範囲で謝礼は支払う。ただし法外な支払いに応じることはない。カネ目当ての情報提供者は、情報を高く売るために証拠データを改竄《かいざん》したり、話を「盛る」ことだってあるから危険なのだ。

情報提供者には、それぞれ思惑があることは重々承知している。週刊文春への金銭の要求はなくても、誰かがダメージを受けることが、ほかの誰かの利益につながることもある。かつてスクープの対象となった政治家が、ライバルの政治家の情報を寄せてくれることもある。

どんな情報であれ、われわれの判断基準は、ただひとつ。報じるべき事実があれば報じる、ということだ。文春リークスは、それを理解して情報提供してくれる人たちとの間で、じつにうまく機能している。

「正義感」ではなく「好奇心」。

週刊文春のスクープで、政治家や官僚が辞職に至ったり、タレントが活動を自粛したりすることがある。だが、われわれの目的はファクトを示すことであり、大上段から正義のペンをふるって世直しがしたいわけではない。独善的な理念を共有する組織は、少しずつ鈍化し余裕を失っていく。そうなると、たいていの組織は風通しが悪くなる。

われわれ週刊文春のスクープの原点にあるのは、「やっぱり人間は面白いよね」という好奇心だ。人間は、立派なところ、素晴らしいところだけではなく、愚かなところ、情けないところも持ち合わせている。

比較的クリーンなイメージのあった甘利大臣が、まさか大臣室で白昼堂々と現金を受け取っているとは思わない（二〇一六年）。しかも現金は、虎屋の羊羹《ようかん》と一緒に紙袋の底に入っていたというから驚く。

すでに触れた東京高検の黒川弘務元検事長のスクープ（二〇二〇年）では、緊急事態宣言中に産経新聞記者や朝日新聞元記者と賭け麻雀をしていたことを報じた。政府が定年延長という法改正をしてまで検事総長にしようとした人物は、そんな一面も持っているのだ。

もちろん違法行為の罪は免《まぬが》れないが、それでも人間として面白いと思った。

週刊文春、いや文藝春秋という会社に流れているのはこの「面白がり」の精神で、創業者である菊池寛《きくちかん》のＤＮＡを受け継いでいる。われわれは正義の味方だと錦の御旗を持ち出してしまうと週刊文春らしさがなくなる。月刊文藝春秋の編集長時代、田中角栄首相の金脈問題を報じた田中健五さんは「正義感ではなく好奇心から発した企画である」と語っている。反権力メディアのようにいわれることもあるが、時の政権のいい政策、外交があれば素直に「よかった」とも書いてきた。

もちろん今、まさにスクープを獲りにいこうとしている現場の人間には、社会正義のためという燃えたぎる情熱もあるだろう。自分の記者時代の経験を振り返っても、そのくらいでないと激務を前にモチベーションは保てない。

だが編集局長は、もう少し引いた視点で見る必要がある。スクープの威力から「日本で一番恐れられる雑誌」と形容されることもあるが、むしろ「愛される雑誌」でありたいのだ。

紙の週刊文春には、政治家や芸能人のスクープだけでなく、健康などの実用記事もある。グラビアページや、阿川佐和子さんの対談、伊集院静さん、林真理子さんらの連載など、いろいろな記事を一冊に詰め込んでいる。だから「雑誌」なのだ。

表紙を飾るのは、一九七七年から続く和田誠さんのイラストだ。二〇一九年に亡くなられた後も過去の作品を使用させていただいている。中吊り広告の派手さとは対照的に、文字は誌名と号数と定価のみ。女性読者が多いのは、この表紙であることも大きい。「プラダのバッグからいつも週刊文春をのぞかせているスタイリストさんがいる」という話を聞いた時には思わずニンマリした。

価値ある情報はタダじゃない。

スクープには二つの評価軸がある。

「意義がある／意義がない」「売れる／売れない」という軸だ。

目指すべきは意義があり売れるスクープだ。だが、意義はそれほど大きくないが爆発的に売れるスクープもあれば、意義はあるが売れないスクープもある。われわれはスクープ一本ごとに採算を取るという考え方はしない。

たとえば先にも述べたが、〈河井克行・案里のウグイス嬢違法買収疑惑〉は、幸いにもスクープは獲れたが、その号が売れたかというとそこまでではない。現職大臣の公職選挙法違反は、社会的なインパクトは大きいものの、週刊誌が飛ぶように売れるテーマではないということだ。

〈菅首相長男による官僚接待〉（二〇二一年）では、接待情報をつかんでから五カ月くらい断続的に取材を続けた。接待の情報が入ると、記者が現地に飛ぶ。そして同じ店に客として入り、録音までする。一本のスクープを獲るためには、とにかく手間と暇とお金がかかるが、最後まで手を緩めてはいけない。ファクトを極限まで詰めるのだ。

このスクープで決定的だったのは、音声データが存在したことだ。

総務省幹部が国会で接待ではないと否定したタイミングで、放送事業に関わる会話の音声を文春オンライン上にアップした。当初の音声データは雑音だらけでほとんど何を言っているか聞き取れない状態だったものを、加藤編集長の判断でノイズを取り除くための専門業者を探し、約三〇万円かけて聞き取れる状態に復元したのだ。だからこそ事実を証明することができた。

インターネットの登場によって多くの人が、ニュースは無料で読めるものだと思い込むようになった。新聞の購読料を払ったり、週刊誌を買ってきたりしなくてもネット上には、たくさんの無料のニュースが上がっている。

だが、本当に価値のある情報には元手がかかっている。無料では公開できない。お金を払わなければ得られない情報もたくさんあるのだ。週刊文春が権力に忖度しないで調査報道を続けていくためには、資金が必要だ。経費を気にしていたら、スクープは獲れない。そのごく当たり前の事実を折に触れて説明し、読者の理解を求めていくことも編集局長の大事な役割だ。

リーダーは自虐的になるな。

スクープには強烈な力がある。

週刊文春はこれまでずっとスクープに助けられてきた。本気で獲ったスクープは確実に読者まで届くことを何回も経験してきた。だから、われわれはスクープの力と読者のリテラシーを信頼している。

スクープがわれわれにもたらしてくれる恩恵はそれだけではない。

最近実感するのは、週刊文春編集部や文春オンライン編集部で働きたい、スクープを獲る特集班で働きたいという人が増えていることだ。新卒だけではなく、テレビ局や新聞社の報道記者で転職を希望する人もいる。嬉しいことに、辞めたい、異動したいという人は少ない。

これは恐らく組織のビジョンをはっきりとわかりやすく示しているからだ。

現場の記者のミッションは、スクープにつながるネタを獲ってくることだ。

どうやって稼ぐかは、こちらで考えるから、安心してスクープを狙ってほしいという非常にシンプルな論理で動いている。

スクープはひとりの力では獲れない。役割分担と協力関係が必要だ。週刊文春の強みはチームプレーにある。ベテランは若手の面倒をよく見るし、風通しもいい。嫌なストレスはない職場だと思う。記者たちのモチベーションは一様に高いと感じる。

スクープが獲れるかどうかは、編集長やデスクの覚悟の問題でもある。

どこまで腹をくくっているかを現場は見ている。リーダーが戦う姿勢を示さない組織は自信を失う。せっかく獲ったスクープが握り潰《つぶ》されたら、当然記者はやる気を失う。追いかけていたスクープがギリギリで獲れなかった時に責任を追及されると、イップスのように次のチャレンジができなくなる。そんな組織はどんどん弱体化していく。週刊文春はこれまでずっとスクープを発信し続けてきたから、編集長もデスクも記者も、修羅場での戦い方を知っている。

昨今マスコミには「うちは本当にダメで」と口にする幹部が少なくないが、リーダーは絶対に自虐的なことを口にしてはならない。ダメなら何とかするのがリーダーの務めだ。リーダーが胸を張っていないと、部下は自分のやっていることに誇りが持てない。

編集者や記者という職業に限らず、あらゆる職業にいえることだが、仕事に誇りを持っていないと成果が上がらず、いざという時に戦い切ることはできない。

「メディアの論理」は通用しない。

これまで新聞やテレビや週刊誌は取材プロセスを明らかにしてこなかった。出した記事については基本的にコメントしない。問題を指摘されても「記事に書いたことがすべてです」「取材過程については従来よりお答えしておりません」という決まり文句で済ませてきた。メディアはそういう組織の論理を持っていたといえる。

だがそれでは済まなくなっている。インターネットでは、トラブルの対応を誤ると、批判や非難が殺到する「炎上」が起きるようになったからだ。炎上については第4章で詳しく述べるが、炎上した時に「記事に書いたことがすべてです」と木で鼻をくくったような対応では火に油を注ぐだけだ。

なぜこの記事を書いたのか、何を伝えたくてこの記事を書いたのかを、極力丁寧に伝えるべきなのだ。

たとえば、お笑いコンビEXITの兼近大樹《かねちかだいき》さんがデビュー前に北海道で未成年売春を斡旋《あっせん》して逮捕されていたと報じた際（二〇一九年）のことだ。兼近さんが所属する吉本興業は、猛烈な抗議とともに民事上・刑事上の法的措置を検討すると自社サイトで発表。芸能マスコミも週刊文春がプライバシー権を侵害しているという論調で批判し、インターネットを中心に激しい文春批判が起きた。

そこで加藤編集長は、なぜ週刊文春はこの記事を書いたのかについて、文春オンライン上ですぐに説明した。

《……兼近さんという芸人を語る上で、逮捕の過去は、切り離せない事実です。また、テレビ番組に出演し、人気を集める芸人は、社会的に影響力が大きい存在です。記事をお読みいただければわかるように、週刊文春記事は逮捕の過去によって現在の兼近さんを否定するものではありません。兼近さんという芸人がいかに生まれたのかを、ご本人

の言葉によって伝える記事であることは、読者の皆様にご理解いただけるものと思います》

彼は取材に対して「来てくれてありがとうございます。いつかはばれると思っていたし、ちゃんとお話ししなければいけないと思っていました」と語ったことも記事にはしっかり書いてあるのだが、炎上に便乗する人たちが元々の記事を読んでいるとは限らない。

炎上後、兼近さんは自身のSNSで「報道を受け入れる」「むしろ世に事実を伝えられたので多少の感謝もあります」「見出しだけで判断せず、買って内容を読んで見てください」というコメントを発表した。

こうして兼近さんもわれわれも説明責任を果たすことで、事態は収束した。

女優の能年玲奈《のうねんれな》（現・のん）さんの記事〈国民的アイドル女優はなぜ消えたのか〉（二〇一五年）では、彼女が所属していた芸能事務所の社長からパワハラを受けていたことを報じ、事務所から提訴された。能年さん本人の証言もあり、われわれは記事には十分に自信をもっていたが、最後は最高裁から上告を退けられた。

だがこの一連の裁判の過程で、大手芸能事務所とタレントとの不公平な力関係が社会的に問題視されるようになり、ついには公正取引委員会が指針を示すに至った。

そこでわれわれは判決が確定した時点で、週刊文春と文春オンライン上でスクープの内容から裁判での攻防、公正取引委員会の動きまでを詳しく報じた。

今でも社会的な意義のあるスクープだったと確信している。

第4章

危機管理

週刊文春流
炎上から組織を守る
五つの要諦

大きな批判は、大きな教訓となる。

私が編集長時代、最も激しく炎上したのは、小室哲哉さんの不倫疑惑スクープ〈小室哲哉〝裏切りのニンニク注射〟〉（二〇一八年一月二五日号）だ。妻のＫＥＩＫＯさん（二〇二一年二月離婚成立）が闘病中なのに、知り合いの看護師を自宅に呼び、ともに過ごしていたという内容だった。記事では事実を伝えるいっぽうで、介護の疲れもあるのだろうと、断罪するような書き方はしていなかったつもりだ。

木曜発売の週刊文春は、水曜日にスクープ速報を出す。小室さんの記事がヤフーニュースピックス（ヤフトピ）に上がった時点で、ネットの大方の反応は「病気の妻をほったらかしてけしからん」というものだった。

ところが発売日の翌日、小室哲哉さんが突如、引退を発表する会見をしたところで一気に潮目が変わった。

「週刊文春は一人の天才を殺した」「週刊文春にそんな権利があるのか」「いい加減にしろ」とわれわれを非難するコメントが殺到したのだ。コメントのなかには「廃刊しろ」「編集長死ね」というものまであった。

小室さんは会見で、自身の才能への迷いを挙げ、かねてから引退を考えていたと打ち明けていたのだが、「文春憎し」の炎上はおさまらない。まさに針のむしろで、編集部の空気は日に日に重くなっていった。

その時、私が何をしたか。次のスクープを放った。

〈ＮＨＫの磨　登坂淳一のセクハラ重大事件〉（二〇一八年二月一日号）だ。不倫報道で炎上中なのに、と迷ったのは一瞬だった。

スクープを武器に戦ってきた週刊文春が、ここで怯《ひる》んでいるわけにはいかない。

「大丈夫だ。俺たちの戦い方は間違っていない」と現場に伝えたかったこともある。

小室さんのスクープに対する炎上は、私の認識が甘かっただけで、記事の中身自体が間違っていたわけではない。

苦しい時ほどリーダーは胸を張って前を向くべきだ。その姿が現場を支える。

いっぽうで、スクープについて説明する機会を設けた。週刊文春デジタルが主催したカンニング竹山さんとのトークイベントに出演し、報じた理由や週刊文春の考えを述べたのだ。

編集長に就任して以来、私が顔を出したのは、この時が初めてだった。記事を報じた理由や背景を丁寧に説明したつもりだったが、内容の一部を報じた朝日新聞の記事がヤフトピに上がると、炎上はおさまるどころか加速した。「この編集長は本当にダメだ」と、さらに一万件もの書き込みが殺到したのだ。

厳しい状況だったが、ジタバタしても仕方ない。私はそのコメントすべてに目を通した。

そこで感じたのは、週刊文春のレピュテーションリスク（評判が一気に悪化するリスク）が想像以上に高まっていたことだった。

ベッキーさんの不倫騒動以降も週刊文春ではたびたび同様のスクープを報じていた。

悪事を糾《ただ》すつもりはなかったが、「調子に乗るな」「それ見たことか」というコメントからは、われわれを苦々しく感じている人たちが少なからずいることがわかった。私はそこを甘く考えていた。一度巻き起こった大きな批判のうねりは、いくら理詰めで釈明しようとしても簡単には止まらない。貴重な教訓となった。

炎上は一瞬なのに、名誉回復には時間がかかる。苦しい時期だったが、インターネット上の言論空間は少しずつ冷静さを取り戻し、「文春だけが悪いのか」「もともと不倫を面白がっていたのは俺たちだ」「ワイドショーが炎上させて、文春のふんどしで面白がらせていたところもある」という書き込みもポツポツと見られるようになった。

炎上中に書き込む人は怒りに任せて書いている。怒りは書き込みを通じてどんどん拡散されていくが、永遠に続くわけではない。中には愉快犯的に便乗している人もいるだろう。炎上すると世界中を敵に回したような気分になりがちだが、世の中のサイレント・マジョリティは思いのほか冷静だったりすることもある。

SNSが発達し、世の中の風向きや温度感が瞬時に変わるようになった。思い切り逆風が吹いていても、ふとした瞬間に風向きが変化する。布団をかぶって嵐が去るのを待つのではなく、落ち着いて「風を読む」ことが大事だ。

嵐は去ったが、誤解が広まったままにはしておきたくなかった。私はあらゆる伝手《つて》をたどってKEIKOさんの親族にアプローチした。最初はかなり警戒されたが、何度もお話しするうちに、新たな事実がわかってきた。

そもそも小室さんは、介護らしいことは何もしていないし、KEIKOさんが小学四年生くらいの知性しかないように話したが、日常生活に支障がないレベルにまで回復しているということだった。

それをぜひ週刊文春でお話ししてほしいとお願いして、記事になったのが〈「小室哲哉は許せない」KEIKO親族怒りの告発〉（二〇一八年七月一二日号）だ。新たなファクトを報じることで、読者は興味を持って読んでくれた。

これが私が編集長を務めた最後の号だった。次の編集長にできる限り負の遺産はのこしたくなかったのだ。

ネット上での炎上の激しさを前にしたら、誰でも逃げ出したくなる。だがそこで逃げずに、怒りの声に向き合い続ける。それは自分たちを客観的に見ることにもつながる。いっぽうで、大切な幹は守る。リーダーは背中を丸めて下を向いてはいけない。常に広い視野で戦況を分析し、冷静な判断を下さなければならないのだ。

世間の風、温度、空気を読む。

週刊文春で日本テレビの「世界の果てまでイッテQ！」（以下、「イッテQ！」）のやらせ疑惑（二〇一八年一一月一五日号）をスクープした時、加藤編集長と共有したのはとにかく徹底的にファクトを固めようということだった。テレビ局で「一強」と言われる日テレの看板番組をやらせだと報じるからには、相当の覚悟が必要だ。

編集部では、記者を三週間ラオスに滞在させて、いわゆる「橋祭り」についてでっちあげだとする証言を集めた。祭りの主催者や参加者に克明にインタビューした様子も動画に収めて、これならいけると判断した。

原稿の書き方にも注意を払った。「イッテQ！」は日曜日の夜に放送するバラエティではあるが、未知の国の祭りや風習を紹介する教養番組としての側面もある。家族で毎週楽しみにしている人たちも多いはずだから、番組そのものを打ち切れという論調ではなく、安心して楽しめる番組であってほしいと書こうと伝えた。もちろん現場も百も承知のことだった。

ファクトを固め、記事も胸を張って説明できる内容だったが、それでも安心はできなかった。

週刊文春が木曜日に出て、その週の日曜日の「イッテQ！」で、日テレ側はどんな対応をするのか。編集部では取材班を中心に息を凝《こ》らしてテレビ画面に見入っていた。もしここで司会の内村光良《てるよし》さんが、「このコーナーは打ち切ります」「皆さん、申し訳ありません」とうなだれたら、恐らく週刊文春には大きな逆風が来るはずだ。「ふざけるな」「われわれの日曜日の夜の楽しみを奪う権利がどこにあるんだ」「バラエティ番組の重箱の隅をつついて何が楽しいんだ」と批判されるリスクは当然あった。そうなったらどう説明するのか。

われわれは、その時に公開する文書も用意しようと考えていた。

ところがその夜、番組では、われわれのスクープに一切触れなかった。

いっぽう、日テレが出した公式コメントは、「今回は現地からの提案を受けて成立したもの」というコーディネート会社に責任を転嫁するような内容だった。われわれは胸をなで下ろした。これなら週刊文春に矢が飛んでくることはまずない。

逆に日テレに対しては、インターネット上に「トカゲの尻尾を切るのか」という批判が殺到。週刊文春は、さらに次のやらせ疑惑（タイのカリフラワー祭り）について報じた（二〇一八年一一月二二日号）。

ここでようやく日本テレビは、社長が定例記者会見で、「祭り企画」に疑念を抱かせる事態になったことを謝罪し、週刊文春が報じた内容についての見解も発表した。後にこの番組は、ＢＰＯ（放送倫理・番組向上機構）の審査が入ることになった。

このスクープの際は、日テレの対応や世間の受け止め方、風向きの変化、温度感の変化に大きな注意を払っていた。それによって次の打ち手も当然変わってくるからだ。最悪のケースも常に想定していた。冷静に事態の推移を見守ることができたのは、あの小室哲哉さんのスクープで大炎上した経験があったからだ。

週刊文春では炎上を恐れて、リスクのありそうな記事を止めるのではなく、「なぜ出したのか」を胸を張って説明できる状況を準備する。そうすることで万が一、炎上したとしても大局を見誤らずに対応できる。

そしてなぜ炎上したのかに真摯《しんし》に向き合っていけば、次はもっとうまく乗り切れるようになる。裁判と同じで、トラブル対応は経験がモノをいうのだ。

炎上した瞬間に謝罪して撤回していたら、何も学べない。報道には、炎上のリスクが常につきまとうが、逃げまわることで失うもののほうが大きい。炎上は成功の素なのだ。

危機の時ほど胸を張り、前を向く。

リーダーは危機に陥った時ほど、背中を丸めて下を向いてはいけない。

先述したが、小室哲哉さんの引退宣言で週刊文春が炎上した時、私がまず考えたのはそのことだった。明るい笑顔で「大丈夫だから。心配するな」と組織を励ますことがリーダーの一番の役割だ。

楽観論を振り回せという意味ではない。立ち居振る舞いが自信なさそうで、背中が丸まったり、下を向いたりしていると、その空気は確実に伝染する。

それでは危機を乗り越えることはできない。

そこで「大丈夫。俺に任せておけ」と言えるかどうか。

陸上自衛隊のトップである陸上幕僚長と会食した際、印象深い話を伺った。

「われわれの日常は常在戦場、危機の連続です。時には部下に、生命の危険をともなう任務を命じることもある。連隊長や師団長ともなると、部下は数千人で、顔と名前が一致しない人間もいる。だからこそリーダーは二四時間、三六五日、自らの一挙手一投足を通じて、われわれの使命を伝え続けなければならないんです。部下はいつでもリーダーの姿を注視していますから」

これは政治の世界にも言えることだ。自民党の最大派閥で鉄の結束を誇った田中派の流れを汲《く》む平成研究会が、第三派閥にまで落ちた理由も危機におけるリーダーの言動が原因だと話してくれた人がいる。平成研究会の幹部だったこの人物は、不正な政治献金が発覚した日歯連事件当時を振り返って、「一番残念だったのは、派閥の領袖《りょうしゅう》だった額賀福志郎《ぬかがふくしろう》さんです」と言った。

日歯連事件で平成研究会が窮地に陥っていた時、額賀さんは毎日さっさと家に帰って布団をかぶって寝ていたそうだ。いつ自分に捜査の手が及ぶかと怯《おび》えるばかりで、周囲を慮《おもんぱか》る余裕などまるでない。

その元幹部は、

「ああいう時こそリーダーの出番で、若手を飯に誘ったり、声をかけたりして安心させないとみんな浮足立って結束が一気に弱まるんです。だけどあの人は自分のことばかり気にして、組織の危機を乗り切れなかった」

と本当に残念そうに語っていた。

これは私にとってじつに重い言葉で、危機のリーダーのあり方として胸に刻んだ。

深刻な事態に際して悲愴感を漂わせて机に向かっているだけでは、組織を率いることはできない。組織に動揺が見られる時はなおさらだ。

「胸を張る」というのは気分だけを指すのではない。

実際に胸を張って前を向けば視界が広がるし、新鮮な空気が胸の奥まで入ってくる。背中を丸めて下を向いていると視界は狭まり、気分まで暗くなる。リーダーが下を向いていると組織全体も下を向くしかなくなる。現場は危機であっても変わらず日常業務に励んでいるのだ。現場が心置きなく働けるよう、リーダーは堂々と前を向き、胸を張って歩く姿を見せなくてはいけない。

私にとって理想のリーダーの一人は、司馬遼太郎さんの『坂の上の雲』にも登場する大山巌《おおやまいわお》総司令官だ。日露戦争の最中、児玉源太郎総参謀長以下、幹部連中がピリピリと殺気だっている中、昼寝から起きてきて「児玉サン、今日もどこかで戦《ゆっさ》がごわすか」と言ったという。この現場を和《なご》ませ、勇気づける茫洋《ぼうよう》とした姿は見習いたいものだ。

謝罪か、撤回か、それとも説明を尽くすか。

記事が炎上するとすぐに取り下げたり、謝罪したりするメディアが多い。ろくに検証もせず、すぐ記事を取り下げたり、撤回して謝罪したりするが、自分で自分の首を絞めるような行為だと自覚したほうがいい。

その程度の覚悟でこの記事、このニュースを出したのか。読者は、それにお金を払う価値があるのか。そんな疑念をもたれても仕方ない。炎上した時に求められるのは、「この記事を出したのは世の中の人にこんなことを伝えたいと考えたからだ」と説明を尽くす姿勢だ。

記事を取り下げると、自分たちが生み出す記事の価値を損なってしまう。大事な商品に対して自信も愛も誇りも覚悟もなかったんですか、という話につながる。

誰からも批判されない完璧な商品を生み出すことを求めれば、行き着く先はメディアとしての死だ。報じられる範囲はどんどん狭くなる。リスクを探すことにばかり時間を割くよりは、何かが起きた時に説明する技術を磨くことのほうが、はるかに読者からの信頼につながる。

フランスでムハンマドの画を含めたイスラム教の風刺画を掲載した週刊新聞「シャルリー・エブド」本社が、イスラム過激派テロリストに襲撃され、編集長や風刺漫画家ら一二人が射殺された事件があった（二〇一五年）。あの時に日本のメディア、とくに新聞は、宗教を愚弄《ぐろう》するような記事は許されないと、半ば報道の自由を否定するような見解を示すところが多かった。

だが、私はそれには違和感をおぼえた。相手が宗教であっても報道の自由、表現の自由は守られるべきで、究極的には何を書いてもいい。ただしそのリスクを引き受ける覚悟が必要だ。その究極のリスクは命を落とすことで、シャルリー・エブドは、まさにそのリスクを引き受ける結果になった。

その後のシャルリー・エブドはどうしたか。

二〇二〇年、事件の裁判の初日にあの問題となったムハンマドの風刺画を、再び一面に掲載した。彼らは「われわれは屈することはないし、あきらめることはない」とコメントし、風刺という表現は、命をかけてでも守るべきものだと示したのだ。彼らの信念は筋金入りだと感じた。そこまでリスクを引き受けている彼らを、軽々しく批判できるメディアはないだろう。

出した記事への批判が起きた時、すぐに謝罪したり撤回したりしていると、どんどんモノが言えなくなる。あれもダメ、これもダメと自ら打ち手を狭《せば》めて、伝えられる領域を小さくしていくようなものだ。むしろわれわれはそれを広げる努力をしなければならない。あれもあり、これもありなのだ。

メディアの可能性を広げるためにも炎上を恐れてはいけない。

やってはいけない、「逃げる」「隠す」「ウソをつく」。

炎上が起きた時、絶対にやってはいけないことが三つある。「逃げる」「隠す」「ウソをつく」だ。企業の広報担当者向けのセミナーでも話すことがある。

一番目の「逃げる」とは、たとえばメディアが取材に来たときに、「担当者が不在でお答えできません」と追い返すことだ。問い合わせのメールに返信しないことも「逃げ」。説明することから逃げてはいけない。都合が悪いから逃げた、と痛くもない腹を探られかねない。そもそもスマホもＺｏｏｍもある時代に「不在」は説得力がない。逃げていることはメディアを通して消費者にも伝わってしまう。

二番目の「隠す」とは、「現在調査中です」と時間を稼いで、もう少し事実が固まったところで発表しようとする対処法だ。社内で口裏を合わせたり、事実を揉《も》み消したりしていることも多い。

しかし今は、企業が関係者に向けて「まだ調査中だから口外しないように」と送ったメールが文春リークスに届く時代である。積極的に隠蔽《いんぺい》しようとしていなくても、これでは隠蔽ととられかねない。望ましいのは、なるべく頻繁に、新たな事実が確認されるたびに、「現時点までわかったのはこういうことです」と常にアナウンスメントを心掛けることだ。

途中で事実がひっくり返ったり、調査によって変わったりすることがあれば、「こういう発表をしましたが、その後の調査で新たな事実が判明して、ここに関しては誤りでした」と説明をアップデートしていけばいい。過去の説明を削除して新たに上書きするのではなく、時間の経過がわかるようにすべてをアーカイブとして残す。

混乱時には、情報が錯綜《さくそう》するから事実誤認をすることもある。それも含めて隠さない。そうすることで、説明責任を果たそうとする姿勢が伝わる。正確な事実関係がわかるまで、と延々と説明を先送りするより、よほど印象がいいだろう。

三番目は「ウソをつく」。これが一番よくない。ウソをつくと、必ずあとでひっくり返される。〈菅首相長男による官僚接待〉では、総務省幹部が「事業に関する話はしていません」と国会で虚偽の答弁をしたから、事業に関する発言の音声を公開され、国会で認めざるを得なくなった。ウソをついたことで、傷はさらに大きくなったのだ。

ベッキーさんは禁断愛の疑惑が出た時に「友達です」と説明したが、「友達で押し通す予定」というLINEのやりとりが出たことでダメージが倍増した。

トラブルが起きた時は、まず逃げ切れないと覚悟すべきだ。最後までは隠し通せない。嘘もつけない。「墓場まで持っていける話」なんてない。デジタルの時代は、その前提で危機管理に当たるよりほかない。

説明責任はどこまでもついてくる。

週刊文春の東京五輪開会式の演出案をめぐる記事（二〇二一年三月二五日号）に対して、東京オリンピック・パラリンピック組織委員会の橋本聖子会長から、抗議と雑誌の発売中止、回収、ネット記事の削除、さらに編集部が入手した幻となった開会式の演出案を廃棄し、内容を一切公表しないことを求める文書が届いた。

週刊文春では、女性演出家が突如、開会式の責任者を交代させられた事実をスクープし、その後、幻となった演出案を紙とデジタルで記事にしていたのだ。

編集部では組織委員会からの要求に対応するため、すぐに文春オンライン上に編集部としての見解を発表。さらに、加藤編集長は〈週刊文春はなぜ五輪組織委員会の「発売中止、回収」要求を拒否するのか「週刊文春」編集長よりご説明します〉と題する記事を公開した。

「東京五輪は公共性、公益性の高いイベントであり、適切に運営されているかを検証、報道することは報道機関の責務である」として、「著作権法違反や業務妨害にあたるものではない」と組織委員会からの要求には応じられないことを説明。二八〇ページにも及ぶ幻の演出案は、「社外秘」に当たる資料ではないかとの指摘もあったが、公共性、公益性が高く、国民の知る権利に応えるものであると主張した。その後、組織委員会からの要求はない。

ここでのポイントは、「国民（読者）の知る権利に応える」という部分だ。ジャーナリズムを標榜《ひょうぼう》するメディアはすぐに「言論の自由」を振りかざすが、どうも「教えてやる」という上から目線には違和感がある。あくまでわれわれの仕事は「読者の知りたい気持ち」に応えることではないかと思う。

まるで自慢にはならないが、週刊文春にはたくさんの抗議が送られてくる。中には

「法的措置を検討する」と書かれたものもある。法的措置とは、具体的には民事裁判の訴えを指すが、実際に裁判にまで進むことはそれほど多くはない。

また訴訟を起こす人のなかには、とにかく法的措置をとったことをメディアが報じてくれればいい、と考える人もいる。それだけでも十分、報じられた内容は事実ではないとの印象操作ができるからだ。そのあと訴えを取り下げても報じられることはない。特に多いのが政治家の「メンツ提訴」だ。支持者や所属政党などに、「週刊文春の記事は事実ではありません」とアピールするために提訴して、しばらく時間がたってから取り下げるというものだ。

私はこれまでいくつもの裁判に対応してきた。そのたびに知見を積み上げ、裁判に負けない戦い方を学んできた。紛《まぎ》れもない事実を提供してくれる取材源がいても、その人が裁判で証言してくれるとは限らない。その人にも立場があるからだ。公務員なら守秘義務がある。われわれは、常に裁判になることも想定して取材を進めファクトを固めている。完成した原稿に少しでも法的リスクを感じれば、法務部や顧問弁護士にチェックを頼む。そこまで念入りに準備していても民事だけではなく、刑事告訴されることもある。

刑事告訴されると、東京地検特捜部や警視庁捜査二課から編集部に電話がかかってきて、編集長は被疑者として出頭を命じられる。

出頭する日の朝はいつだって気が重い。冷水のシャワーを浴びて心身を浄《きよ》め、新品のパンツをはく。毎回ひとりで検察庁に向かうが、編集部を出る時は、そこにいるデスクにテレビだけは見ていてくれと頼む。「週刊文春編集長、逮捕」とテロップが出たら、コメントを発表してくれと言って編集部を後にする。

説明する責任はどこまでもついてくる。

「守るべきもの」と「最悪の事態」を見極める。

危機管理において、肝に銘じるべき大事なことが五つある。

一つ目は、最優先で守るべきものをしっかり見極めることだ。

たとえば、森友学園問題が起きた時の財務省は、組織の論理や次官のクビ、担当大臣や総理大臣のクビを守ろうとしているかに見えた。彼らの仕事の根幹は、国民から集めた税金を公正に分配することなのだから、あの時最優先すべきは国民からの信頼だったはずだ。

同じことが〈菅首相長男の官僚接待疑惑〉における菅首相の対応にも言える。発覚当初は「長男は別人格」として自らの立場を守ろうとし、その後も接待を受けた総務官僚をかばうような発言が続いた。総務相を務めたこともある菅首相が守るべきは官僚なのか、総務省なのか、あるいは自身が主導する携帯料金値下げという政策なのか。これも本来最優先すべき国民の行政への信頼をないがしろにしたことで失望を招いた。

危機管理では最優先するものをしっかり見極めないと、結果的に対応が後手に回る。官房長官時代の菅さんはこうした優先順位を間違わない人で、国民からの理解が得られないと判断すれば、率先して大臣のクビを切るよう首相に進言していた。それだけに身内に甘いという批判は大きなダメージとなった。

二つ目は最悪の事態を想定することだ。

「イッテQ！」のスクープを出す時は、起こり得るあらゆる事態を想定した。最悪の場合、大炎上もあると考えていた。常に最悪を想定していれば、本当に最悪の事態が起きた時にうろたえずに、きちんとそれに対応できる。

危機管理にあたっては、人間が二人以上いたら情報は漏れると覚悟する。性悪説で考える。人間はしゃべる動物なのだ。酔っ払った時に黙っていられるのか。寝言を聞いている人はいないのか。何が起こるかわからないのだから、すべての情報が漏れる前提で危機管理に当たらなければならない。

危機管理で気をつけることの三つ目は被害妄想だ。自分たちはこんなにも頑張って危機に対応しているのに、なぜわかってくれないのか、なぜ批判ばかりするのか、とまるで自分たちが被害者で、自分たちを叩く人たちが敵のように感じてしまうことがある。

そうなると周囲をすべて敵か味方に分類してしまうから、まっとうな批判も耳に入らなくなる。追い込まれたリーダーが被害妄想に取り憑《つ》かれると、解決はどんどん遠のいてしまう。周囲に耳触りのいいことを言う人間ばかり置くようになるからだ。イエスマンタイプの人間は、「大丈夫です。騒いでいるのはおかしな連中だけですから」と根拠なき楽観論でリーダーをなぐさめる。

第一次安倍政権の末期がまさにそうだった。参院選で大敗するのだが、秘書官は応援演説に向かう安倍さんを「まるで戦国武将のようです」と持ち上げていた。安倍さんは「思ったほど負けていない」と勘違いしたかもしれない。

そうなると風向きや温度感の微妙な変化に瞬時に対応できない。危機管理上最悪だが、窮地のリーダーが陥りがちな罠《わな》だ。

ネガティブな情報ほど迅速に報告させる。

危機管理の要諦の四番目はあらゆる情報を吸い上げることだ。

特にネガティブな情報ほど迅速に報告させる。そのためにリーダーは平時から風通しのいい組織作りを心掛けることが大事だ。ものを言いやすい組織には情報も集まる。リーダーにとって愉快ではない報告をした時に、「おまえ、どうして止められないんだ」と不機嫌になられたり、「なんてことをしてくれた」と怒鳴られて、部下がビクビクしていては、次からは報告しないで済ませようと考えてしまうだろう。まっとうな企業ほど広報とトップとのホットラインが機能していることが多い。

こんな報告をするのは損だ、割に合わない、と現場が思うようなマネジメントでは、誰も進んでネガティブな情報を上げようとは思わない。そういう組織では、自分自身の手柄ばかり考える人が増える。耳触りのいいことだけを言っていればいいのだから、それが得意な人が出世する。これもリーダーシップの典型的な失敗例だ。組織の不祥事が表に出そうになった時、「握りつぶせ」とか「何が何でも止めろ」と指示するリーダーは、対処法を根本的に間違っている。

繰り返すが、それで止まる時代ではないのだ。「一刻も早く詳しく調べて、わかったことから随時報告を上げてこい。必要なら人をつけて徹底的に調査しろ」と指示して、冷静に事態を把握し、対策を練ることが消火への近道だ。

部下がネガティブな情報を上げやすくするためには、リーダーは日頃からあえて脇をゆるめておく。もちろん肝心なところは締めるのだが、少なくとも鷹揚《おうよう》なフリだけでも心掛けたい。

自らのビジネスや日頃の言動にやましさがなければ、炎上は恐れるに足りない。

それでも万が一、組織の看板に取り返しのつかないダメージを与える事実が判明したら、リーダーは潔《いさぎよ》く自らのクビを差し出さなければならない。批判にさらされ、追い詰められたあげくに辞めさせられたのでは、組織防衛にはならない。

リーダーのクビは組織を守るためにあるのだ。それが危機管理の最後の要諦である。

第5章

事業展開
異業種間コラボ
成功のための極意

賛成多数の意見から、新しいものは生まれない。

これまで述べてきたように、スクープを放ち、デジタルで拡散する仕組みは、週刊文春の強力なブランディングにつながった。

そのブランド力をほかの事業にも活かしている。

ファッションブランドのＢＥＡＭＳとコラボムックを作ることを提案したのは、広告を扱うメディア事業局の担当者だ。彼女は「ＢＥＡＭＳと週刊文春がコラボすると面白い」とずっと言い続けてきた。ＢＥＡＭＳの担当者にも声をかけたが反応は悪くない。

そこで私が彼女と一緒に、ＢＥＡＭＳの設楽洋《したらよう》社長の前でプレゼンテーションをすることになった。

この時、彼女が考えたキャッチコピーは、「Fashion is scandal」。これを見た社長の設楽さんは即座に反応した。

「日常着も大切ですが、ファッションとは本来エキサイティングなもの。勝負服やデート服として人をキラキラ、ギラギラ、ドキドキ、ハラハラさせることができるんです。そんなファッションの魅力をもっと表現したい、伝えたいと思っていました」

力強い口調でコラボを快諾してくれたのだ。

これは週刊文春とも相通じるところがある。われわれも読者の心に鮮烈に響く記事を、どうすれば届けることができるのかとずっと考え続けてきた。

そこでＢＥＡＭＳと週刊文春とのコラボレーションで完成したのが、文春ムック『週刊文春が迫る、ＢＥＡＭＳの世界。』（二〇一九年）だ。

私にとっては久しぶりの編集長としての仕事だったが、誌面作りでまず考えたのは、ＢＥＡＭＳの魅力をどうやって週刊文春らしく伝えるかということだ。文藝春秋にはファッション誌がなく、ファッション専門の編集者はいない。

ファッションのプロにプロデューサーとして仕切ってもらうやり方もあるが、それでは人気ファッション誌の後追いのようなページしか作れず、週刊文春らしさは出せない。

そこで考えた企画のひとつが、かつて週刊文春のスクープに登場した俳優の原田龍二さんやミュージシャンの川谷絵音《かわたにえのん》さん、作曲家の新垣隆《にいがきたかし》さんらにモデルとして登場してもらうファッショングラビアだ。ベッキーさんの熱愛のお相手だった川谷さんに名刺をお渡しして挨拶すると、「まさかこの名刺をもらう日がくるとは」と驚いていた。

ほかにもBEAMSが作っているJAXA（宇宙航空研究開発機構）の国際宇宙ステーション滞在ウェアを着用した宇宙飛行士、野口聡一さんや、自民党総裁選をBEAMSのスーツを着て闘った石破茂さんの撮り下ろしポートレイトとインタビューや、「スクープ！加計学園グループ校の制服がビームスだった」などの記事がてんこ盛り。社長の設楽さんも「若い女性と歩いているところをパパラッチに激写される社長」役のモデルとして橋本マナミさんとツーショットで登場し、ファッションのワクワク感を週刊文春らしく表現した誌面になった。

設楽さんは出版後のトークショーで、「週刊文春と組むことについては社内でも異論がありました。でも賛成多数の意見からは新しいものは生まれない。こういう形で石を投げてみるのも面白いと思ったんです」と振り返った。大変ありがたいことだ。

おかげさまでBEAMSというチャレンジングな企業と、新しい価値を生み出す仕事ができた。「文春は、そんなこともできるのか！」と驚きをもって受け止めてくれた読者もたくさんいたようで、ブランドの幹を太くすることができたとの手応えを感じた。

二〇二一年四月に出した文春ムック『週刊文春CINEMA！』は、木下グループの社長、木下直哉さんとお会いした時にBEAMSのムックをお見せしたところ、

「コロナ禍に苦しむ映画界を応援したい」

と言われたことが企画のきっかけになった。

木下グループは、木下工務店や木下不動産、木下の介護などの事業に加えて、芸術や文化活動にも力を注いでいる。社長の木下さんも映画が大好きで、「投資する金額の上限は決めていません」と言いながらミニシアターを熱心にサポートしているのだ。

特集テーマは「ミニシアターに耽溺《たんでき》する」。

ミニシアターを積極的に応援している斎藤工《さいとうたくみ》さんのグラビアとインタビューや、全国のミニシアターの紹介などのほか、俳優の伊勢谷友介《いせやゆうすけ》さんの逮捕後初のインタビューも話題になった。

二冊のムックでありがたかったのは、相手企業のトップが週刊文春と組めば、面白くて新しいメッセージが読者に伝えられそうだと期待してくれたことだ。「きれいごとも建前も言わない本音メディアが、ファッションや映画の魅力をどう表現するのか」と楽しみにしている様子が伝わってきた。まさにコラボレーションの妙味だ。

完成したムックは、双方にとって、自分たちの価値を高めることになったと確信している。週刊文春にとっては、ファッションやカルチャーに通じた人たちから「わかってるな」と思ってもらえることでさらにブランドの幅が広がり、それが次のコラボレーションにもつながるのだ。

一流のプロと組む。

最近手掛けたのは、スウェットシャツだ。

これはBEAMSのムックで仕事をしていただいたスタイリストの山本康一郎《やまもとこういちろう》さんのレーベル「スタイリスト私物」とのコラボレーションで、これまでに三回作った。

山本さんは、スタイリストとして雑誌や広告の世界で活躍してきた人で、「スタイリスト私物」は、山本さんが選んだブランドとコラボレーションで製品を作るレーベル。

パリのオーダーシャツの店シャルベとのコラボでコットンオックスフォードシャツを作

ったり、ブリヂストンサイクルとのコラボで自転車を作ったり、ファッション界で注目を集め続け、スタイリストの枠を超えて活躍する才人だ。

山本さんとの付き合いは、私がビジュアル誌「マルコポーロ」（九五年に休刊）で仕事をしていた時代に遡《さかのぼ》る。当時から私はファッションが大好きだったが、雑誌のファッションページを作ることにはまだ慣れていなかった。その頃「レニングラード・カウボーイズ」というフィンランドのバンドにコム・デ・ギャルソンの服を着せて、かっこいいページを作ってくれたのが山本さんだ。

BEAMSのムックを作るにあたって、山本さんに声をかけて二十数年ぶりに交流が本格的に復活した。一緒に食事した際、山本さんが突然、文藝春秋の「文」という紺色の社章がよく目立つビニール袋を指差して、「これ、霜降《しもふ》りグレーのスウェットシャツにプリントしたらカッコいいと思う」と言い出した。「それ、確かにカッコいいですね」と返事して終わったのだが、次に会った時、山本さんは、本当に「文」をプリントしたスウェットシャツを持ってきてくれたのだ。

その場ですぐに着てみたら、アメリカ製の九〇年代のデッドストックのボディで最高に雰囲気がいい。

もうこれは、作るしかない。七〇着を一万五〇〇〇円でネット上で売り出したところ話題になり、一分もしないで完売した。

二回目は、胸に「文春オンライン」あるいは「文春リークス」と刺繡《ししゅう》が入った二種類を二二〇着用意して、これまた即完売。数量が少ないながらも、ロックバンド、サカナクションの山口一郎さんや、本木雅弘・内田也哉子《ややこ》夫妻の長男のUTAさん、映画監督の大根仁《おおねひとし》さんら、感度のいい人たちも飛びついてくれたおかげで、これまでとは違う方向に文春ブランドを展開することができた。三回目は山本さんが気に入っている「文」マークを襟の織りネームタグにして、これまで買いたくても買えなかった人のために初めて受注生産を試みた。桁違いの二五〇〇着のボディを確保したものの、これも二時間で売り切れた。

山本さんは伊藤忠商事のコーポレートメッセージプロジェクトのメンバーでもあり、クリエイティブディレクターとしても活躍している。BEAMSのムックでは「棋士をスタイリングしたら面白い」という山本さんの提案から、棋士に和服ではなく、BEAMSのスーツを着て対局してもらう企画を進めた。それが「棋士たちの勝負服」というタイトルのページで、文春杯と称して編集部から一〇万円の賞金を用意し、BEAMS

人気レーベル「スタイリスト私物」とのコラボスウェット（上から1回目、2回目、3回目）

の服を着たプロの棋士に将棋会館で本気で対局してもらった。

通常、雑誌などのファッションページの撮影で着用する服はすべてブランドから借りてきて、撮影後は返却するから、極力汚さないように使う。だがこのページだけは真剣勝負の緊迫感をリアルに表現したかったから、服はBEAMSからお二人にプレゼントしてもらい、ずっと着たままで対局できるようにした。

写真はドキュメンタリーが得意な大森克己《おおもりかつみ》さんに依頼し、端正にスーツを着こなした二人の棋士が、じっと盤上を見つめて沈思黙考する姿や、対局が進むにつれ、闘志を燃やし、袖をまくったり（袖のボタンも実際に開けられる本切羽《ほんせつぱ》にした）、膝をくずしたりして、少しずつくたびれていく様子をスーツとともに撮り下ろしてもらった。このページからは、まさに勝負服のリアルが漂ってくる。

これが一流のプロと組む醍醐味《だいごみ》だ。山本さんのアイデアで作ったページは、一流のファッション誌に負けないクオリティを表現しつつ、週刊文春らしいリアリズムも伝えることができた。

ブランディングとは、自分たちの強みや美点がどこにあるのかをしっかりと見定めて、それを磨き、伸ばしていくことだ。山本さんと組むことで、週刊文春って意外とカッコいいよねと、これまで隠れていた潜在能力を引き出すことができたのではないか。

これは、ブランディングがうまいユニクロの手法にも通じる。二〇二〇年に販売を再開したドイツ出身の伝説的なデザイナー、ジル・サンダーとのコラボによる「+J」というラインは大きな話題を呼んだ。ニュースとして拡散されて、お客さんが店舗に殺到。長い行列ができるほどの盛況ぶりだった。

ユニクロの商品のほとんどは手頃な価格のものだが、時折、世界的な有名デザイナーとコラボ商品を出すことで、「ユニクロってカッコいいよね」というイメージをわかりやすく伝えて、ブランドとしての価値を高めてきた。

その結果、安く売っている商品を着ても、引け目を感じることがない。そうしたブランド価値をグローバルに発信するのだから、見事というほかない。

ユニクロが発行しているカタログ誌「LifeWear magazine」も、「POPEYE」編集長からファーストリテイリングへ移籍した木下孝浩《たかひろ》さんが編集していて、全盛時代のPOPEYEを思わせるようなビジュアル展開でカッコいい。それでいて登場する服はどれもPOPEYEに出ているものよりゼロが一つ少ないのだから、見ている人は「やっぱりユニクロはすごい」となるだろう。これもまたブランディングにつながる。ちなみに木下さんとも山本康一郎さんの紹介で、時折食事に行ったりする関係だが、お会いするたびにほとばしるセンスと好奇心に刺激を受ける。こうした普段のキッタハッタの仕事とは直接関係のない方々とのお付き合いは本当に貴重だ。さまざまな世界で週刊文春がどう見られているのかを知るだけでも、次の一手を考える上で大変参考になる。

スウェットシャツの販売は、ビジネスの規模としてはそれほど大きくはないが、BEAMSとのムックに続いて「文春、意外とカッコいい」という価値が、伝わる人には伝わっていることを実感できた。企業同士のコラボレーションは、ただなんとなくやってもうまくいかず、お互いのブランディングにもつながらない。

このスウェットシャツがうまくいったのは、意外性のある組み合わせだったこと、互いの熱量が同じだったこと、そして「スタイリスト私物」も週刊文春も面白がりの精神を持ち、本物を大事にするという共通点があったことが大きい。

このスウェットシャツを紹介するファッションとカルチャー専門のサイト「Mastered」の記事では「僕らに世の中の『ほんとう』を教えてくれる週刊文春」と書いてくれた。ストーリーがうまくつながるコラボレーションはうまくいくのだ。

ファンの思い入れが強くなる特別なモノを作る。

二〇二〇年公開の映画『ミッドナイトスワン』は、トランスジェンダーとして生きる主人公の凪沙《なぎさ》を草彅剛さんが演じ、日本アカデミー賞の最優秀主演男優賞、最優秀作品賞を受賞するなど大ヒットとなった作品だ。草彅さんが所属する芸能事務所「CULEN」では映画を記念した「限定版『ミッドナイトスワン』SPECIAL BOX」を二万九〇〇〇円で販売、完全受注生産で八二〇〇部以上を売り上げた。実はこれを製作したのは、週刊文春編集局だ。

映画のエグゼクティブプロデューサーであり、「CULEN」代表の飯島三智《みち》さんから「保存版のボックスを作りたい」と相談を受け、面白そうだからぜひうちでやりましょう、と即決した。コロナ禍で劇場のパンフレット販売を中止するかわりに電子版パンフレットを販売するということで、その製作も社内の電子書籍編集部で引き受けた。

内容は、B5判のミニブックとDVD、Tシャツで、ミニブックには、凪沙と草彅剛さんの写真集三二ページと完成作品ではカットされたシーンも含む完全版の映画脚本、内田英治《えいじ》監督の書き下ろしスピンアウト短編小説を収録。さらに世界最長「九二五秒予告編」DVDと、香取慎吾さんがプロデュースするブランド「JANTJE_ONTEMBAAR（ヤンチェ_オンテンバール）」とのコラボTシャツがついている。草彅さんのファンだけではなく香取さんファン、映画ファンにもよろこんでもらえる内容だ。

そもそものきっかけは、週刊文春のカラーグラビアページ「原色美女図鑑」に『ミッドナイトスワン』で演じた凪沙として、草彅さんを登場させたいとの飯島さんからの提案だった。ならば同じ号のグラビアページ「男の肖像」には草彅剛として登場してもらい、撮影はいずれも写真家の渞忠之《みなもとただゆき》さんにお願いすることにした。この時に撮影した写真の別カットを、電子パンフレットに掲載し、どちらにも掲載していない写真も含め

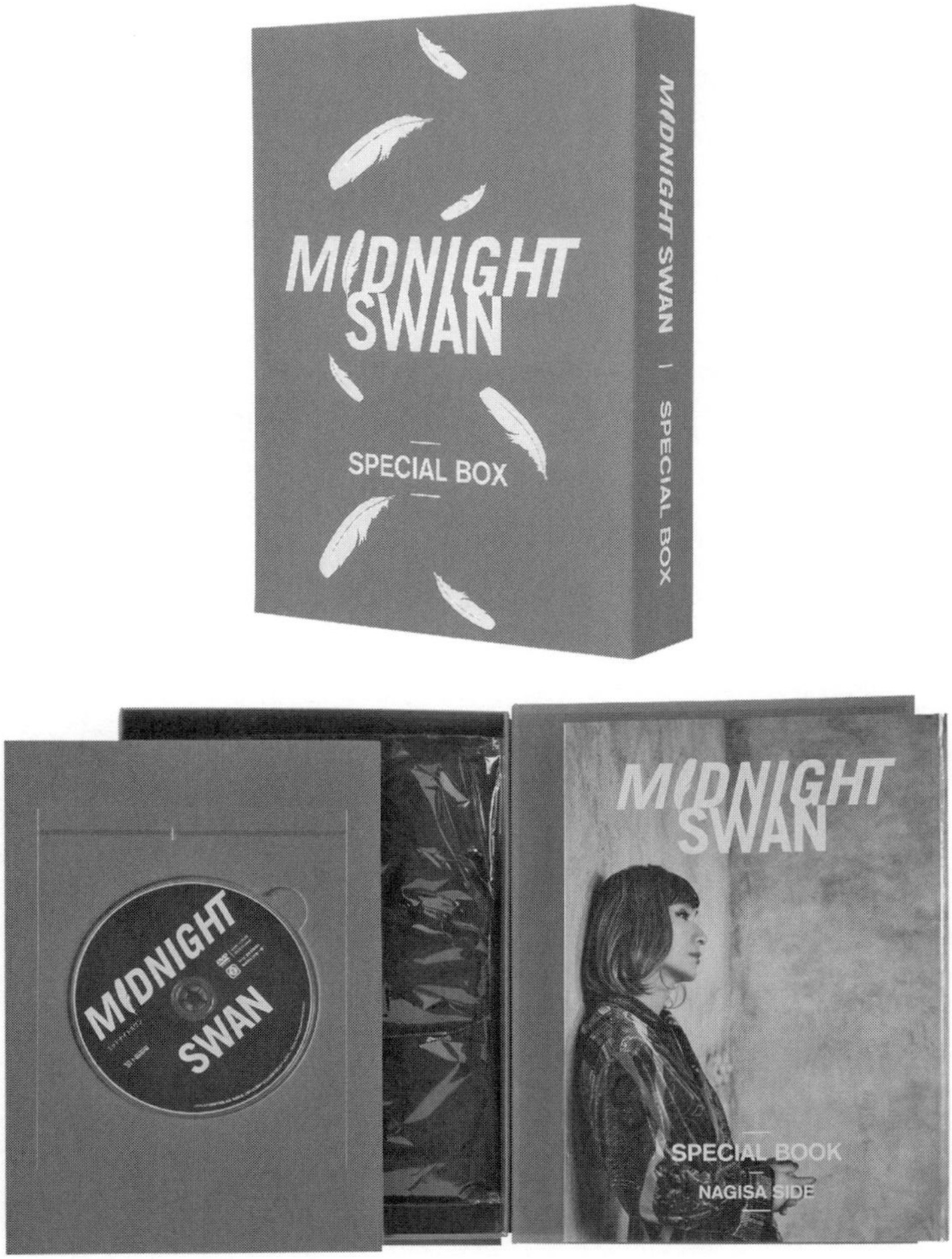

「限定版『ミッドナイトスワン』SPECIAL BOX」

て収録したのが、ボックスに入っているミニ写真集だ。

この三点を詰め合わせた赤いボックスは、デザインや素材も凝りに凝った。ボックスの外観は分厚い本のようで、表面には手触りのいいベルベット加工をほどこし、表紙と背表紙には白い箔《はく》押しで「MIDNIGHT　SWAN」と入っている。片側にマグネットをつけて本を開くようになめらかに開閉できる仕様だ。

ボックス製作は、わからないことが多く最も骨が折れた部分だが、担当した篠原一朗さんが驚くほど緻密に作業を進めてくれたおかげで、まさに保存しておきたくなるようなクオリティの高いものができ上がった。篠原さんは文藝春秋で多くのベストセラー小説を手がけた後、独立した編集者だ。『ミッドナイトスワン』原作小説の担当でもある。

この豪華ボックスと電子版パンフレットは、週刊文春編集局だけではなく、資材製作局、電子書籍編集部、営業局も巻き込んだオール文藝春秋のプロジェクトになり、社長賞を受賞した。

こうしたビジネスは、部署横断的で調整に骨が折れる面もあるが、成功体験の共有が各部署間の垣根を低くしてくれる。週刊文春編集局として学んだことも多い。何より有意義だったのはファンクラブビジネスを体験できたことだ。このボックスは、会員以外でも購入できたが、窓口が草彅さんの事務所「CULEN」だったこともあり、購入者の大半はファンクラブの会員だ。

企画の段階で、どれくらいの価格にして、いくつ売れれば採算が取れるのかを計算した。さすがだと感心したのは、飯島さんのような天才的なひらめきを持ったプロデューサーは、ファンクラブの会員数から、大体どれくらい売れそうかの予想が立てられるのだ。ボックスは、受注生産にしたから基本的に赤字にはならないはずだが、販売数があまりに少ないと、製作にかけた費用が回収できなくなる恐れもある。そういうリアルな計算を経験できたことは大きい。

さらにファンが何を求め、どんなことによろこんでお金を払ってくれるのかがわかってくれれば、文藝春秋でも今後さまざまなファンクラブビジネスを展開していける。

こうしたビジネスは、確実にニーズがある。出版社が手掛けることで担保されるクオリティの高さは、発注する側にとっては魅力的なはずだ。たとえば、一流スポーツ選手が引退する時に引退記念ボックスを「Ｎｕｍｂｅｒ」編集部が作ることもできるのではないか。編集部には、これまでの記事や写真のストックがふんだんにあるし、一流のアートディレクションもできる。

デジタルにシフトすればするほど、「モノ」の価値が出てくる。

こうした特別な思い入れを持てるモノを作れば、ファンはその価値を理解して買ってくれる。変化を楽しむとはこういうことだ。楽しんでいると、市場のニーズも見えてくるはずだ。

「断られたらどうしよう」ではなく、「受けてくれたら凄いぞ！」。

香取慎吾さんが描いた絵が表紙を飾る「週刊文春ＷＯＭＡＮ」も週刊文春から派生した新たなビジネスだ。週刊文春編集部特集班でたった一人の女性デスクだった井﨑彩さんが企画したもので、一冊目の『週刊文春Ｗｏｍａｎ２０１６新春スペシャル限定版』は彼女がデスクとしての仕事のかたわら、編集長として作り上げた。セブンイレブンだけの限定発売だったが、見事完売し、評判も上々だった。

当時、週刊文春編集長だった私は、新たな鉱脈だと確信し、すぐにでも定期刊行したいと思ったが、彼女が他部署に異動してしまった。もちろん別の者が担当して作ることもできたが、私はどれだけいい鉱脈であってもこれを掘り当てられるのは彼女しかいないと主張した。結局、二〇一八年に彼女が異動で戻ってきたタイミングで編集長に就任してもらい、二〇一八年末には年三回発行する定期刊行物として再出発した（二〇二〇年から年四回）。

内容については、限定版の時から一切関与していない。彼女が作りたいように作ることが一番で、それが週刊文春らしさだと考えていた。「かくあらねば」がないのが、週刊文春であり、文藝春秋なのだ。週刊文春との唯一の共通点は、本当のことが書いてあることだ。それを踏襲しつつ週刊文春WOMANならではのリアリティを目指す。

だから週刊文春WOMANは週刊文春に無理に歩調を合わせてはいない。秋篠宮家の長女眞子様のご婚約についても週刊文春は厳しいトーンで書いているが、週刊文春WOMANはかなり同情的だ。

週刊文春WOMANは、二児の母である四〇代の井崎編集長が関心を持っている人、会いたい人、書いてもらいたい人と作っていくことで、イキイキとした磁場が生まれ、吸引力のある雑誌になっていく。

雑誌を創刊する時には、社内のいろいろな立場の人間からたくさんの意見が来る。それらを足して二で割ったり三で割ったりして、「皆さんの意見は少しずつ取り入れています」という忖度雑誌では育たない。やりたいと手をあげて一から作り上げた彼女の個性が雑誌にしっかり染み込むまでは、彼女のやり方で突っ走ればいい。

表紙の絵も井﨑編集長のアイデアだ。定期刊行するにあたって、香取慎吾さんに「いま新しい人生を切り開くことを楽しんでいる方。それが作品から感じられる方に表紙絵をお願いしたい」と手紙を書いた。実現すれば素晴らしい。

だがこの時はまだ草彅剛さんのスペシャルボックスを作るずっと前。ＣＵＬＥＮの代表、飯島三智さんはＳＭＡＰのマネージャーだった人だ。週刊文春が掲載したジャニーズ事務所の創業者メリー喜多川さんの独占インタビューは、飯島さんがジャニーズ事務所を退社するきっかけにもなった。

その飯島さんが果たして、週刊文春からの依頼を引き受けてくれるだろうか。

私は生来の楽観主義者だ。「断られたらどうしよう」ではなく、まずは「受けてくれたら凄《すご》いぞ！」と考える。結果はといえば、飯島さんもまた、いい意味での狂気を持った人だった。普通やらないだろう、ということにも勝機を見出《みいだ》し、振り切るところがある。逆にいうと予定調和のようなことはやりたがらない。自分なりのカッコいいとカッコ悪いの基準を持った人だから、タレントの新たな魅力を引き出すプロデュースができるのだろう。

この依頼を引き受けてくれた飯島さんには感謝しかない。おかげさまで週刊文春WOMANの表紙は毎号、香取さんの素敵な絵で飾られている。新しい地図に所属する稲垣吾郎さんとの関係も始まった。終了したTBSテレビの書評番組「ゴロウ・デラックス」を雑誌に移す形で、作家と対談する連載「談話室稲垣」がスタートしたのだ。草彅剛さんも折に触れてインタビューに応じてくれている。

井﨑編集長が孤軍奮闘した結果、二〇二一年春には週刊文春WOMANの連載をまとめた『なんで家族を続けるの？』（内田也哉子・中野信子、文春新書）と、コミック『私にできるすべてのこと』（池辺《いけべ》葵《あおい》）が生まれた。こうした週刊文春WOMAN発の書籍がヒットすれば、収益面でもさらに明るい展望が開ける。

『なんで家族を続けるの？』は、内田也哉子さんと中野信子さんの対談集で、始まりは、週刊文春WOMANの創刊一周年記念のトークイベントだった。当日は五〇〇人以上が集まり、大いに盛り上がった。それが雑誌や文春オンラインでの掲載につながり、新書にまでなった。二人の対談を楽しみにしてくれる人たちの期待に応える形で、ひとつのイベントがあとの仕事につながり、収益を増やしていくことができたのだ。

こうして新たな収益に導線を作っていくのも編集者の仕事だ。

本を本として売るだけではなく、イベントやグッズなど、さまざまな形で読者やファンに訴求しながら、新たな展開を仕掛ける。

それを有機的かつ合理的につないでいくことも編集という仕事だ。

ブランドに磨きをかけて、大きなビジネスを立ち上げる。

私は二〇二〇年九月よりナンバー編集局長を兼務している。

「Ｎｕｍｂｅｒ」は、創刊四〇周年を迎えた日本唯一のスポーツ総合誌だ。主な読者層は、四〇代以上で、男女比は七対三くらい。

その場限りの勝敗よりも、スポーツの背後にある物語をじっくり書き込んだ記事を期待する読者が多い。

加えてこだわり抜いた写真からは、ある瞬間のスポーツ選手の究極の美しさや、勝った瞬間、負けた瞬間に見せる感情の揺れなどが伝わってくる。スポーツに寄り添う姿勢が評価されているから、ブランドとしての価値も高い。「Ｎｕｍｂｅｒ」というフィルターを通すことで、スポーツをより面白く深く楽しめるようになる。現役、ＯＢを含めて、アスリートからも絶大な信頼を得ており、スポーツ関係のジャーナリストや評論家、解説者とのパイプも太い。

二〇二〇年九月には、藤井聡太二冠を表紙に、初の将棋特集を刊行。大反響を呼び、異例の増刷を重ね、発行部数は二三万部を記録した。二〇二一年六月に刊行した阪神タイガース特集では、黄金ルーキー佐藤輝明選手を表紙に起用し、発売即増刷を決めた（二刷一五万部）。

「Ｎｕｍｂｅｒ」のブランド力は、着実に育っている。これを積極的にビジネスに活かしていきたい。

たとえば、「Ｎｕｍｂｅｒ」主催のスポーツイベント観戦ツアーも面白いのではないか。チケットの手配にとどまらず、スポーツ解説者やジャーナリストがディープな解説をしたり、参加者同士で感想を語り合ったり、あるいは試合後に出場アスリートとも交流できれば素晴らしい。

アスリートのトークイベントにも大きな可能性がある。「Ｎｕｍｂｅｒ」ならではの付加価値をつけたコミュニティー、空間をプロデュースすることで、紙の読者だけではなく、もっと広くスポーツファンを募ることができる。

こうしたビジネスには、資金力やノウハウが不可欠だ。本格的に展開するためにも、そこを補完してくれるパートナーと組みたい。

ファンビジネスとの親和性も高いと感じる。草彅剛さんのスペシャルボックスで学んだノウハウも活かせるだろう。イチローさんが引退した二〇一九年には、宇賀康之《うかやすゆき》編集長のアイデアで『Ｎｕｍｂｅｒ ＰＬＵＳ永久保存版　イチローのすべて』を定価二二〇〇円で発行。刷り部数は四万三〇〇〇部に達した。

スポーツに熱心に取り組んでいるクライアントとの、さまざまなコラボレーションにも注力したい。イベント開催から、オンライン展開、ムック・書籍化まで、点を線で結ぶような、新しいビジネスの仕組みを確立したいと考えている。

モノにつなげるとしたら、スポーツウェアもありだ。

「Ｎｕｍｂｅｒ　Ｄｏ」では、「Ｎｕｍｂｅｒ　Ｄｏ」という、見るスポーツではなくやるスポーツに特化したムックもシリーズで刊行している。特に駅伝大会「Ｎｕｍｂｅｒ　Ｄ ｏ ＥＫＩＤＥＮ」を主催していることもあり、ランニング関連のウェアやグッズとの親和性は高いはずだ。実際に、ある名門スポーツメーカーとは、お互いの若手同士でコラボ商品開発に動き出している。

大きなビジネスを立ち上げるためには「Ｎｕｍｂｅｒ」ブランドをより一層磨き上げる必要がある。週刊文春同様に、紙の雑誌の部数を増やしていくことは難しい時代だけに、「Ｎｕｍｂｅｒ Ｗｅｂ」のＰＶを増やすことが急務だ。一億ＰＶを目指してサイトパワーをつけていけば、必ず見える景色が変わってくる。企業からの大型タイアップ広告が増え始めているのは、ブランド力が認められていることの表れだろう。

デジタルの時代こそ、ライブスポーツは最高のエンターテインメントだ。今後ビジネスとしても伸びしろが大きいと確信している。

一九八九年、新入社員の私が配属されたのが「Ｎｕｍｂｅｒ」だった。思い入れはひときわ強い。なんとしても持続可能なビジネスモデルを構築したい。

第6章

組織と個人
縦割りの垣根を越える編集力

プロデューサーとして一気通貫で。

週刊文春の人気連載のひとつに、〈池上彰のそこからですか!?〉がある。これまでの連載担当は、週刊文春編集部のセクション（連載）班の編集者だったが、最近、週刊文春出版部の編集者が雑誌連載も受け持つように変更した。

週刊文春の連載コラムや小説には、週刊文春編集部にそれぞれ担当者がいて毎週原稿を受け取り、それを入稿する。連載を単行本にする際は、文藝春秋の文芸局やノンフィクション出版部など、週刊文春とは別の部署の担当者が本作りに関わる。これまでずっとそのやり方だったが、池上さんのジャーナリストとしての引き出しから質の高いコンテンツを探し出すためには、もっと深いお付き合いをしたほうがいいと考えた。池上さんはまだ開けていない魅力的な引き出しをたくさん持っている方なのだ。

連載と単行本を同じ編集者が担当すれば、一冊にまとめることを想定しつつ、池上さんと毎週の原稿のやりとりをしたり、時には会いに行ったり、電話をしたりできる。そうしたお付き合いを通じて池上さんの新たなテーマを引き出し、それをどう読者に伝えればいいかを考えることができる。長いスパンで、池上彰さんというジャーナリストにじっくり向き合うことができるから、編集者として勉強になるし、きっと面白いものが生まれるはずだ。

ノンフィクション〈嫌われた監督　落合博満は中日をどう変えたのか〉（二〇二一年二月終了）は、非常に人気のあった連載だ。書いていたのは元日刊スポーツの記者で、「Ｎｕｍｂｅｒ」特派記者を経て、現在はフリーライターとして活躍中の鈴木忠平《ただひら》さん。この連載は、かねてより鈴木さんとおつき合いのあった週刊文春の加藤編集長が「落合さんを書いてほしい」とお願いしたことから始まった。鈴木さんは、日刊スポーツ時代に中日担当が長かったのだ。

この場合は、鈴木さんと加藤編集長との間にすでに人間関係があったから、魅力的な引き出しをピンポイントで開けることができた。連載も同じく鈴木さんと旧知の特集班デスクが担当した。それをまとめた単行本も週刊文春出版部の人間ではなく、その特集班デスクが作る。鈴木さんは連載にさらに加筆するとのことだから、ずっと伴走している彼のほうが、鈴木さんにとってもやりやすいはずだ。

サザンオールスターズの桑田佳祐さんの連載〈ポップス歌手の耐えられない軽さ〉（二〇二一年四月終了）も同じ特集班デスクの企画として始まった。もともと熱烈なサザンファンだから、思い入れも人一倍強い。これも彼に単行本まで担当してもらうことになっている。

読者にとって、もっと読みやすく面白いものを、もっと質の高いコンテンツを、と考えた場合、どんな作り方が一番望ましいのか。どんなアウトプットがベストなのか。週刊文春編集局では、縦割り組織で分業するよりも、垣根を低くして部をまたいで、自由に行き来しながらアウトプットの方法を考えるようにしている。

決められたルーティンをこなすのではなく、プロデューサーとして動く。

週刊文春での連載を依頼し、毎週やりとりをしながら、読者により面白く読んでもらうためにはどこを工夫すればいいのか。原稿がたまって単行本にするなら、どんなまとめ方が適切か。書名はどうするか。装幀はどのデザイナーに、どのようなデザインをお願いするのか。それを一人の編集者が一気通貫で担当する。

一冊の本になれば、次は売り方も考える。どんなPRをすれば効果的か。書籍をもっともっとたくさんの人に届けるには、どんな仕掛けが必要か。

その時、文春オンラインを効果的に使うこともできる。本の発売前に面白い部分を一部先出ししたり、著者インタビューを出したり、著者のトークイベントを開催するだけでなく、文字に起こしたものを掲載するのもいいだろう。もちろん紙の週刊文春と連動することもできる。

読者ファースト、コンテンツファーストで自在にアウトプットしていくためには、週刊文春編集局の機能をフル活用して、よりよいものに仕上げていく。雑誌も作れる。書籍も作れる。オンラインでも展開できて、イベントもグッズ製作もできる。洋服だって作ってしまうのが週刊文春編集局なのだ。こうしてさまざまな機能を内製化することで、週刊文春編集局は「稼げる組織」として最適化されていくのだ。

現場の「好き」に縛りをかけるな。

文春オンラインの「文春将棋」シリーズは、将棋コラムや棋士へのインタビューを中心としたもので、記事をアップし続けるうちにファンが増え、人気コンテンツに成長した。これまでの記事をまとめた文春ムック『文春将棋　読む将棋２０２１』は、発売前から予約が殺到し、三刷二万八〇〇〇部と好調だ。

このコラムは文春オンライン編集部の将棋好きのデスクが始めたものだ。ムックになることは聞いていたが、その全貌は表紙ができあがった時にはじめて目にした。文春オンライン編集部から、週刊文春出版部に提案があり、ムックにしようという話になったのだ。もうすでに局長の私が仲介しなくても、現場同士でスピーディに連携が進むようになっている。素直に嬉しい。

「好き」から始まったコンテンツがよく読まれる、人気が出る、という傾向が最近強くなっている。これまで雑誌には「この時期にはこういう企画がウケる」という定番ものが必ず存在し、人気連載は、同じフォーマットで雑誌の決まった場所にあるという安心感がよろこばれていた。

そうした企画が安定した人気を獲得するいっぽうで、自分の「好き」を突き詰めて、あれこれと工夫しながらのめり込んだ企画が人気なのは、読者もそこから何か面白さ、楽しさ、新しさを感じるからだろう。

ＢＥＡＭＳの設楽社長は「『努力』をするよりも、好きなことに『夢中』になってほしい」と社員に語りかけているそうだ。渋沢栄一が好んだ論語の一節も「知之者不如好之者、好之者不如楽之者（これを知るものはこれを好む者に如かず。これを好む者はこれを楽しむ者に如かず）」。知っていることは、好むことにはかなわない。好むことは、楽しむことにはかなわないという意味だ。

誰しも好きなことには夢中になれる。楽しむことができる。「もっとこうしたら面白くなる」「こんなこともやってみよう」と自由な発想も生まれやすい。これからは「好き」を出発点としたコンテンツ作りがますます人気を獲得しそうだ。

こうした仕事を増やすためには、「好き」を言いやすい環境を作ることだ。リーダーがその「好き」に縛りをかけてはいけない。

「おまえがいくらそれを好きでも、今、やらないといけないのはこれだから」と聞く耳を持たなければ「好き」を殺してしまう。もちろん組織なのだから、何でもかんでも好き放題というわけにはいかないが、時には「好き」を尊重することでより魅力的な発信ができる。

「こうしろ」と命令するだけでは情熱に水をかけるようなものだ。そもそも組織には、すでにたくさんの縛りがある。リーダーが管理しようと思えば思うほど、縛りは多くなる。ビジネスの変革期のリーダーは、極力、縛りをかけないことを心掛けたい。もっと言えば、時にはトップに掛け合って縛りを緩めていくことも必要だ。

部署が違うじゃないか。誰の責任なのか。どちらの収益になるのか。うちの部員を勝手に使うな。うちの仕事の邪魔をするな……。

そういったしがらみや縄張り意識は捨てて、読者ファースト、コンテンツファーストで動く。パッションをうまく形にできる仕組みや、異能、異才を遺憾なく発揮できる組織、環境をいかに作るかがリーダーの仕事だ。

これができている組織は、才能が育つ。

誰しも自分で考え、自分で決める仕事、つまり「自分ごと」としてできる仕事にはやりがいを感じるものだ。言われたから仕方なくという「やらされ仕事」とは、格段にデキが違う。

枷《かせ》をはめると才能は育たない。現場のたったひとりの「好き」から始まるコンテンツは、これから間違いなく需要が高まる。

他社から週刊文春や文春オンラインへの転職希望者が増えているのは、才能を活かせない組織が増えていることとイコールではないだろうか。

大きな風が吹く前の、小さな変化を見逃さない。

週刊文春の編集長になる前、私は三年間出版部で新書や単行本を編集していた。出版部という組織は、独立した編集者の集合体だ。そこで鍛えられたことのひとつが、何が数字を持っているのかを自分の目で見極める力だ。最初の年は一年間で一六冊の新書を作った。

作っていくうちに、このタイミングでこの筆者にこんなことを書いてもらえば、売れるのではないかという直観の精度が増してきた。

今の時代の、このモヤモヤした空気をこの企画で突き刺せば、世の中がドカンと反応するのではないかという「ツボ」がわかるようになってきた。私が手掛けた書籍で一番売れた『100歳までボケない101の方法　脳とこころのアンチエイジング』（白澤《しらさわ》卓二《たくじ》、文春新書、通称100ボケ）は、企画の最初に浮かんだのがこのタイトルだった。

高齢者の健康ブームの背景には、死への恐れもさることながら、もっと身近な問題としてボケることへの不安があると感じたのだ。だが中身が難しいと手に取ってもらえないから、ブロッコリーを食べるといいとか、睡眠は七時間取ろうといった簡単に実践できるものを一〇一個集めた。著者の白澤さんは、当時からたくさんのアンチエイジング本を出していた人で、出版にも意欲的だった。

書籍が完成すると、売り方も工夫した。最初に反応してくれたのは、特定の地方に住む高齢者の方たちだった。この本が紹介されている新聞記事を切り抜いて書店に持参し、購入してくれたのだ。営業部の担当者から「地方で動いている」と聞いて調べてみると、この本を取り上げた医療ジャーナリストのコラムがその地域の地方紙に配信されていたことがわかった。

『100ボケ』には大きなポテンシャルがある。まずは地方から火をつけて、徐々に都市部へと広げていこう。そう考えた私は、営業部と組んですぐに動いた。

周りの人たちに本を配っては感想を聞いて、「この本を読んで階段の上り下りをするようになりました」（六〇代男性）、「わが家の食卓にはブロッコリーが欠かせません」（七〇代女性）といった感想文をちりばめた広告を作り、全国紙ではなく地方紙に出したのだ。新潟日報や北海道新聞、西日本新聞などに順々に広告を出し、タイミングを合わせて重版し、その地域の書店に重点的に取り扱ってもらうようにしたところ、どんどん売れ出した。営業部や宣伝部と組んでチーム『１００ボケ』として動いた。

デスク近くの壁には日本地図を貼った。「次はここだ」と少しずつ地方を攻略しながら遮二無二売った。最後は首都決戦だ。朝日新聞に全五段の広告を打ち、一四刷、三五万部までいった。

売れるタイミング、売れる場所を見極めて、重点的に伸ばすやり方は、私が大学時代にやっていたヨット競技とよく似ている。

ヨット競技で戦略上大事なのは、ブローと呼ぶ強い風が、ババババッと吹き始めた時にいち早くその風をつかまえることだ。ほかの艇にかき乱された風はもう汚れてしまっている。

つまり、二番煎じはダメなのだ。新鮮な風を真っ先に帆で受け止めて、海面を進んでいく時が一番速い。そのフレッシュウィンドをつかむためには、海面に浮かんだちょっとしたさざ波を見逃してはいけない。耳の裏に当たる風の感覚でブローがわかるという人もいるが、そうした小さな変化から、大きな動きを予測することが大事なのだ。

この風を読む技術は、スクープにつなげることもできるし、ネット記事に応用することもできる。もちろん先述したように、危機管理においても極めて重要だ。

組織のタテヨコをうまく使う。

書籍の編集を担当するようになって痛感したのは、雑誌の編集部のようなチームプレーではなく個人プレーで業務を進めなくてはならないということだ。週刊文春編集部なら、指示をすれば手足となって動いてくれる記者や編集者がいたし、それぞれ担当する仕事をしながらもチームとしての連帯感があった。

ところが書籍編集の仕事はひとりでテーマを考え、原稿を依頼し、著者を励ましたり、催促したりしながら原稿を待ち、校閲を通したり、カバーのデザインを決めたりして一冊の本に仕上げる。

宣伝活動も自分でやる。これが思いのほか勉強になった。

私は本を出すたびに週刊文春時代に付き合いのあった新聞社やテレビ局の友人、知人に片っ端から電話をかけて、ワイドショーで取り上げてもらえないか、新聞の書評担当者を紹介してもらえないかとお願いした。

時にはその人の職場にまで本を持っていったりして宣伝活動に励んでいると、次第にキーマンがわかってくる。新聞書評でなんとか食い込みたいと思ったうちの一人が、日経新聞で夕刊の書評を担当している中沢孝夫さん（経済評論家、福井県立大学特任教授）だ。中沢さんが取り上げて、四つ星を付けた本はたいていい重版がかかる。そこで中沢さんにアプローチすることにしたが、私が出す本すべてを取り上げてもらうわけにはいかないから、食事などしながら少しずつ関係を深め、自信作で勝負のときだけは「お願いします」と伝えて時機を待つ。

NHKラジオの土曜日の朝に本を紹介するコーナーも効果が高いとわかって、プロデューサーのもとに足繁《あししげ》く通い、食事にも誘った。そこまでしてやっと「今回勝負だからお願いします」と頼むと、「わかりました」と言ってくれる。用がある時だけ連絡しても人は動いてくれない。これは企業の広報担当者にも同じことが言える。

東日本大震災後に出した『つなみ　被災地の子どもたちの作文集』（森健《もりけん》編）は、テレビのワイドショーはもちろん復興庁や都庁にまで売り込んで、一八万部のベストセラーになった。

やれることは全部やる。そういう姿勢を鬱陶《うっとう》しく思う人もいるかもしれない。だけど自分が「面白い」と思って作った本だから、愛も誇りも自信もある。アンフェアなことをしているわけではない。売り込むことになんの躊躇《ためら》いもなかった。

こうして出版部時代は、とにかく本を出し続けた。重版率は約七割。少しずつ打率を上げるとともに、ホームランの予感がしたときには、迷わずフルスイングした。

書籍が完成して売る段階になると、営業部や宣伝部の協力が欠かせない。営業部には営業部の決まりがあり、宣伝部には宣伝部の仕事の進め方がある。だが、時には縦割りのルールを飛び越えないと売り時を逃す。組織に横串を通して連携する上でも、それぞれの組織のキーパーソンをしっかり見極め、信頼関係を構築することが大切だ。デジタル時代になって、ますます組織と個人を臨機応変に動かす必要が増している。出版部時代に学んだことが、今の編集局長としての仕事に生きている。

長いものに巻かれることなく、信頼関係を作れ。

私は編集局長として、スクープを獲りに行く現場を守りたいという気持ちが強いから、経営側に物申すことも多い。局長や部長でも人によっては経営側に寄り添う人もいるだろう。人それぞれのやり方がある。

ひとつ印象に残っているのは、トップとの付き合い方について、日本最強の捜査機関である東京地検特捜部で特捜部長を務めていた熊崎勝彦《くまざきかつひこ》さんが語っていた言葉だ。

退職後は日本プロ野球のコミッショナーを務めるなどした熊崎さんだが、東京地検特捜部時代は、陰の権力者ともいわれた政治家の金丸信《かねまるしん》さんを脱税事件で逮捕したり、大蔵省接待汚職事件などの捜査をしている。「新谷君が扱う事件なんて小さなもんだ」とよくからかわれた。熊﨑さんがイケイケどんどんで捜査を進めていたら、先輩検察官から羽交《はが》い締めにされて「それくらいにしておけ」と止められたとか、特捜部の壁には「熊出没注意」という張り紙がしてあったとか、豪快なエピソードには事欠かない。

そんな熊﨑さんだが、こんな一面もあった。

「だけど俺は、大きな事件に着手する時は、トップの検事総長にはこそっと囁《ささや》いていたんだ。ホットラインは絶対に切らないようにしていた。新谷君、これは大事だぞ」

熊﨑さんのように豪放磊落《らいらく》に見える人でも、組織を大胆に動かすためには細心の注意を払っていたのだ。

これは「長いものには巻かれろ」という意味ではない。組織の最終的な決定権や人事権を握っているのは誰なのかを常に意識しておくことは、大きな仕事をする上で重要なのだ。

トップとの間に信頼関係がないとやれることには限界があり、組織で単なる非主流派の反乱分子のように思われたら粛清《しゅくせい》されるだけだ。

トップはどうすれば聞く耳を持つのか。どういう情報を上げると説得できるのか。そういうことも日頃からきちんと探っておく必要がある。組織で自由に仕事を進めていく上では、時にそういう老獪《ろうかい》さも必要なのだ。

味方を作る。

個人対個人の人間関係は、突き詰めれば貸し借りの微妙なバランスの上に成り立っている。うまい具合に貸し借りがバランスする相手とは、長く付き合える。貸しを返してもらうことを期待して親切にするわけではないが、何かの時には頼れるだろうという安心感があるからだ。

ライザップの創業者、瀬戸健《たけし》さんとは、そういう信頼関係のある間柄だ。ライザップは三日坊主になりやすいダイエットやトレーニング、英会話などに、一対一のコーチングビジネスを導入して大成功した企業だ。急成長した反動もあって、今は苦労もしているが、瀬戸さんは大変な勉強家で、週刊文春の人気連載「私の読書日記」をお願いする六人のひとりでもある。

時には私も彼の相談に乗るし、彼も私の頼みを聞いてくれるが、気持ちよくやりとりをしていて、お互いに信頼できる人を紹介し合ったりもしている。

仕事ができる人には、そういう貸し借りの計算ができる人が多い。「計算」というと嫌らしく聞こえるかもしれないが、人間関係はやはり持ちつ持たれつでなければ長くは続かないのだ。

ダメなのは、「くれ」「くれ」だけの人。こういう人は貸し借りではなく、「損得」で動く。その場その場で損か得かを天秤《てんびん》にかけて判断するから、欲しがるくせに自分が損をしそうなことは引き受けない。頼みごとがある時だけ、調子よく連絡してきても親身になるのは難しい。相手の肩書ばかり気にする人もダメだ。むしろその肩書が外れても付き合いたくなるような人物なのか、を見極める。

これは政治家や、官僚の世界でも同じだ。

お互いに多忙な身であれば、余計に限られた時間やパワーをどう使うかは、戦略的に考えたほうがソースを有効活用できる。

そういう割り切りもあるいっぽうで、相手が困った時に頼りにされればなるべくノーと言わないことも大切だ。これは編集者としての大事な資質で、私のもとには、よろず相談窓口のようにいろいろな話が日々持ち込まれる。政治家からも官僚からも財界人からも芸能関係者からも「実は……」と打ち明けられることが多い。

困った時に自分を頼ってくれる相手には、できるだけのことはしたい。

情報を扱うわれわれの仕事の根幹は人とのつながりにある。一番深い情報は人からもたらされるものだ。インテリジェンスの世界ではヒューミントと呼ばれる。もちろんオフレコ前提で相談された内容を明かすことは絶対にしない。だが話を聞くことが私の経験にもなり、違った形で仕事に還元できる。あの人は頼りになる。とりあえずあの人に相談してみようと思ってもらえるのは大変ありがたいことなのだ。

長く付き合うためには、貸し借りのバランスに気を配る。頼りにされたら断らない。これが私なりの味方の作り方だ。

マニュアルのない時代こそ、「編集」の力が必要だ。

Ｎｕｍｂｅｒ編集局は、私が編集局長に就任する前は、「Ｎｕｍｂｅｒ局」という名称だった。

私が局長になる時に、一点だけ承服できなかったのが、この名称だ。「Ｎｕｍｂｅｒ局長にはなりたくない。Ｎｕｍｂｅｒ編集局長にしてほしい」と経営陣に直談判して局の名前を変えてもらった。

私が「編集」という二文字にこだわったのは、編集という仕事に誇りを持っているからだ。

編集は、単に雑誌や本を作ることだけを指すのではない。世の中で起こっているさまざまなことをいかに面白く、わかりやすく伝えていくのか。そのためにはどんな材料が必要で、どんな形で加工すればいいのか。プロデューサー意識を持って、最後はマネタイズにまでつなげていく。それを考えるのが編集なのだ。トークイベントを企画し、こんなテーマで、こんなタイトルをつけて、こんな人を呼んできて、こんな場所で、あるいはこんなデバイスを使って、と形にしていくことも編集だし、草彅剛さんの限定ボックスやスウェットシャツを作ることも編集だ。

編集には、マニュアルが存在しない。設計図もない。

誰かから「こうしろ」と言われて、従うようなものではない。リスク管理上必要なことを除けば、手取り足取り指示されたり、細かく逐一報告したりすることはない。やりたいことをやりたいようにやるのが一番だから、枠なんて作らなくていいし、そもそも定義だってあってないようなものだ。

大切なのは、自分がやっていることを面白がれるかどうか。その熱量は仕事に反映される。そして熱量のある仕事に、人は反応してくれる。

私が文藝春秋に入社して、最初に編集という仕事を教えてくれたのは、配属された「Ｎｕｍｂｅｒ」編集長だった設楽敦生《したらあつお》さんだ。彼はいつも私に「編集って仕事は面白いんだぞ。君はやりたいことをやっていいんだ」と言っていて、本当にその通りにさせてくれた。

私は十代の頃から加山雄三さんの「若大将シリーズ」のファンで、大学ではヨット部に入部したくらいだ。設楽さんは石原裕次郎さんが大好きだったことから、実現したのが二五〇号の特集〈スクリーンのなかでスポーツが輝いていた！　石原裕次郎と加山雄三〉（一九九〇年九月五日発売）だ。

「好きにやっていいんだぞ」という設楽さんの言葉にあと押しされて、どんどん前のめりで仕事をするようになった。二七二号の〈ホームラン主義。〉（一九九一年七月二〇日発売）では、当時球界を代表するホームラン打者だった近鉄バファローズのブライアント選手にお願いして、あちこち探し回って借りてきたバズーカ砲を打ってもらったり、みうらじゅんさんと一緒にやった〈『巨人の星』巡礼の旅〉では、主人公の星飛雄馬《ほしひゅうま》が投げる「血染めのボール」を自分で再現しようとカッターナイフで指を切ってみたりと、めちゃくちゃなこともずいぶんした。失敗をして怒られたこともあったが、無我夢中で面白いものを作りたいという熱に突き動かされていたように思う。

「Ｎｕｍｂｅｒ」時代には、異例の表紙を作ったことが二回ある。

一回目は、初めてＮＢＡを特集した三一〇号（一九九三年二月二〇日発売）だ。当時のフェニックス・サンズ所属の人気プレーヤー、チャールズ・バークレーを特撮したのだが、この写真をいたく気に入ったアートディレクターの石崎健太郎さんが、表紙に日本語を載せたくないと言い出した。雑誌の表紙には、通常、日本語で書かれた記事タイトルが並ぶ。それを全部英語にしたいというのだ。そんなことをしたら、おそらく洋雑誌にしか見えないだろう。担当デスクには強硬に反対されたが、なんとか説得して発売したら「カッコいい」と評判を呼んでよく売れた。

三〇三号〈１９９２プロ野球日本シリーズ〉（一九九二年一一月四日発売）では、そのシリーズの勝敗を分けた瞬間の写真をどうしても表紙に使いたかった。問題なのはその写真が横位置だったことだ。普通はどんな雑誌も、表紙には縦位置の写真を使う。だがこの時も私は粘りに粘ってデスクを説き伏せ、なんとか実現した。「Ｎｕｍｂｅｒ」のロゴが横向きに入った今となってはレアな一冊だ。

私は自分がやりたいことを貫くだけでなく、自分が信頼するアートディレクターやカメラマンなどチームのメンバーがやりたいと言ったことは、いつも「やりましょう！」と支持して徹底的にサポートした。

前例がないからと、つまらないブレーキをかけたりしないことも編集者の仕事だ。自分にとって最高のメンバーがフルスイングした時の仕上がりには、圧倒的なクオリティの高さと痺《しび》れるような達成感がある。それこそがチームプレーの醍醐味なのだ。

料理だって服選びだって編集だ。

月刊「文藝春秋」の編集長だった堤堯《つつみぎょう》さんは、「編集者とは、相撲で言えば、土俵をつくり、西と東から登場する力士を呼び上げ、太鼓を叩いて取組を盛り上げる呼び出しのようなものだ」と言っていた。さまざまな食材や調味料、スパイスを使って最高の調理をして、器を選んで盛り付ける一流の料理人にたとえる人もいる。

二〇一五年一〇月、週刊文春のグラビアに春画を掲載した責任を問われた私は、当時の松井社長から三カ月間の休養を言い渡された。その年の暮れ、私は一人で熊野を旅した。ある早朝、泊まった宿の板長さんに誘われて、市場に行くと、マグロのような大きい魚から、珍しい貝まで、とれたての海産物が一面に並んでいる。板長さんは「私の献立作りはこの市場から始まります」と言った。いろいろな魚を見ていると、次々に最適な調理法、料理の組み合わせが浮かんでくるのだという。料理人も素材を編集することで最適なアウトプットが完成する。「私にとっての目次ですね」と答えたが、これこそが「編集力」だと実感した瞬間だ。

編集力は、あらゆる仕事で役に立つ。ビジネスが変化していくと、今の仕事や所属している部署がなくなることだってある。だが、編集力は組織のなかだけでなく、個人としても十分に発揮できる。世の中に面白いものを、一番面白い形で伝えていく。それを見た人、読んだ人、触れた人に面白がってもらう。あるいは役に立ててもらう。賢くなってもらう。素材のよさをいかにベストな形で提供していくか。それが編集だ。

私は毎日着る服を選ぶのだって、編集だと思う。

もはや老舗《しにせ》ともいえるウェブメディア、ほぼ日刊イトイ新聞が始めた「ほぼ日の學校」で講師役を頼まれた。動画収録の日、私はブルックスブラザーズで仕立てたベージュのコットンスーツを着ていった。ほぼ日には、自然にやさしくサステナブルなイメージがあるから天然素材にこだわった。シャツはブルーのキャンディーストライプのポロカラー、ネクタイはネイビーとグリーンのストライプ、靴はオールデン製のコードバンストレートチップ。いずれもブルックスブラザーズのものだが、ほぼ日的な清潔感を意識した。決めすぎもほぼ日らしくない気がして、あえてベルトはしなかった。ファッションに興味のない方は何を突然わけのわからないことを言い出すのか、とお思いかもしれないが、私はこういうことを考えるのが大好きなのだ。

最近仕立てるスーツはハリスツイードやシアサッカーなどが多い。長い年月にわたって着続けて、くたびれてきてもそれが味わいにつながる素材だからだ。既製品では見つからないから仕立てるのだが、気に入ったものは長く着るので、結果としてはリーズナブルだ。大学時代に買った紺のブレザーは今も愛用している。コーディネートを考えることだって編集だ。

人生とは、編集の連続なのかもしれない。

調査報道に未来はあるか。

これまで述べてきたように、週刊文春編集局で私は、紙の週刊誌を作り続けるいっぽう、デジタルでは広告モデルと課金モデルで収益の最大化を目指し、書籍やグッズにも枝葉を広げていく、というビジネスモデルを描いた。それは組織として、スクープ、調査報道を持続可能なものにするための戦略である。

海外では調査報道は、どういう道を歩んでいるのか。私の信頼する友人で元共同通信の記者、澤康臣《さわやすおみ》さんが書いた『グローバル・ジャーナリズム』（岩波新書）によると、アメリカでは大手新聞社が苦戦を強いられているなか、NPOが健闘しているという。逆の見方をすれば、調査報道は寄付に頼らなければ、存続が危ぶまれるような窮地にあるとも言える。

アメリカで最も歴史が古いカリフォルニア州の「CIR」（調査報道センター）やワシントンDCの「CPI」（社会健全性センター）、さらにピュリッツァー賞調査報道部門賞を受けたこともある「プロパブリカ」など、それぞれかなり取材力のある組織だ。いずれも寄付をもとに運営され、記事は無料公開している。記事の多くは大手新聞やラジオ局を通じても公開されている。

イギリスの「ベリングキャット」という調査報道ウェブサイトにも大いに関心がある。ネット上の公開情報によって、マレーシア航空機撃墜事件へのロシアの関与を暴いたことで注目を集めた。「オシント（オープン・ソース・インテリジェンス）」と呼ばれるこうした取材手法は、今後ますます広がっていくだろう。

オランダには有料会員が支払う購読料で運営されるニュースメディア「デ・コレスポンデント」がある。スタート時に資金の寄付を呼びかけたところ、八日間で一万五〇〇〇人の賛同者から約一〇〇万ユーロ（当時のレートで一億一〇〇〇万円）を集めたという。年間購読料は七〇ユーロ（約九二〇〇円）で、こちらは原則として有料会員にしか記事を公開しない。

創立メンバーのひとり、ルトガー・ブレグマンの著書が、『隷属なき道』（野中香方子訳）というタイトルで文藝春秋から翻訳出版され、講演のために来日したことがあった。その時に印象的だったのは、「われわれは記事を読んでくれる人を読者とは呼ばず、メンバーと呼んでいます」という言葉だった。つまり会員は、ただお金を払うだけではなく、メディアを支える役割を担っているということだ。記事へのコメントも実名だ。

気になったのは、読者との距離だ。距離が近くなりすぎると、報道の中立性は保てるのか。思想的な偏《かたよ》りは避けられるのか。アメリカのプロパブリカは、寄付者の名前を公表することで、報道の中立性を保とうとしている。

いっぽうで、読者との信頼関係をもとにした運営は、財政的には安定する。フランスのニュースサイト「メディアパルト」はその点で参考になる。ここは寄付も受けず、企業の広告も取らずに読者からの購読料だけで運営している。ル・モンド紙などからスクープ記者が参集し、大物政治家のスキャンダルを次々に暴くことで、国民の支持を受け、部数を伸ばしている。当局から税務調査で法外な延滞税を課されると、スキャンダル報道への報復だと反発し、読者からは多額の支援金が集まったという。

インターネットで読者やファンとつながる方法のひとつにオンラインサロンがある。主宰者と会員が交流できる場を設けたり、メンバー向けに講座や動画配信を行うことで会費を受け取る、いわゆるファンクラブのような仕組みだ。定期的な収入にはなるが、主宰者の発言や生き方に共感する会員との関係が「教祖と信者」のようになってしまうケースもある。「Ｎｕｍｂｅｒ」や週刊文春ＷＯＭＡＮなど、特定のファンが想定しやすいメディアなら、うまくいく可能性が高いかもしれない。

では週刊文春が読者との関係をより一層深めていくためには、何をすべきなのか。「文春みたいなメディアはあったほうがいい」と思ってくれる読者は増えているが、そこからもう一歩踏み込んで、「文春は私たちのメディアだ」という意識を持って応援してもらえるような存在になりたい。そのためにも週刊文春電子版をいかに育てていくかが問われている。

第7章

働き方

ワーク・イズ・ライフ

自分の仕事に、誇りと愛が持てるか。

文藝春秋に入社して以来ずっと雑誌の編集をしてきた私が、四〇代で月刊文藝春秋編集部から文春新書編集部に異動になった時、社内では「飛ばされた」という評価もあった。基本的に文藝春秋は、書籍の「出版社」というより「雑誌社」という意識が強い会社なのだ。もちろん私自身も必ずしもハッピーではなかった。この人事を私に内示した上司もすごく言いにくそうに、申し訳なさそうにしていたことを覚えている。

だけどそこで、飛ばされたよ、と腐っていても仕方がない。「仕事をしないで、出せ出せとアピールし続ければ異動できる」とアドバイスしてくれる先輩もいたが、それではつまらない。

ＪＲ東海の名誉会長の葛西敬之さんは、ある新聞社のインタビューで、「ワークライフバランスについてお聞かせください」と問われて、「君は何を言っているんだ。ワーク・イズ・ライフだろう」と即答したそうだ。

葛西さんが伝えたかった真意はよくわかる。

長時間労働を推奨するということではもちろんない。だが、一日のうちで一番長い時間を仕事に割いているのだとしたら、その中身が人生に大きな影響を及ぼすのは当然だ。仕事を楽しむことで人生は潤う。だから出版部時代の私は次から次へと本を出し、がむしゃらに売った。一生懸命やっていれば、面白いこともある。

朝日新聞が発行する「ジャーナリズム」という雑誌の編集長からインタビューを受けた際、「朝日はどうすれば信頼されるメディアになるでしょう」と質問された。朝日新聞の編集長が私にそんなことを聞くのには驚いたが、私なら、朝日新聞にいる約二千人の記者から精鋭を集めてスクープ部隊を結成する。社長直轄にしてファクトを武器に政権と対峙し続ければ、一年後には周りの見方はかなり変わるだろうと答えた。

他のメディアの局長や役員クラスの人から、時折こんな質問をされることもある。

「新谷さんはどうやって現場を動かしているんですか？」

駆け出しの記者時代、新聞やテレビの百戦錬磨の記者たちに鍛えていただいた私からすると、隔世の感がある。

そんな時は恩返しのつもりで、私が行ってきた組織改革、現場の指揮命令系統やモチベーションを上げる方法などについて正直にお話ししている。会社では地位が高くなればなるほど、相談する相手がいなくなるものだ。

それだけ新聞、テレビなど大手メディアが抱えている問題は深刻なのだろう。かつて巨大隕石《いんせき》が恐竜を滅ぼしたように、インターネットはビジネスの生態系を根底からくつがえすインパクトを持っているのだ。これまで新聞社の原動力だった全国各地に広がる販売店網は経営上の大きな足枷となり、各地方の支局や記者クラブに人員を張り付けておくことも相当の負担となっている。デジタルの戦場で大手新聞が苦戦しているのは、定期購読に守られて、スクープがあるから売れた、見出しを工夫したら売れた、という戦い方をしてこなかったこととも関係しているように思う。デジタルでは「そこでしか読めない」コンテンツでないと価値はないし、お金を払ってもらえない。これまでの強みが弱みへと、百八十度ひっくり返ってしまったのだ。

メディアの王者として君臨してきたテレビ局も同様だ。電波を独占して優越的な地位にいたのが、インターネットの登場により、情報の送り手と受け手との力関係は劇的に変わった。テレビは映像コンテンツのワンオブゼムになってしまった。進化論の通り、強い者ではなく、変化に適応できる者が生き残る時代が到来したのだ。

週刊文春編集局は総勢でも八十数名の組織だ。恐竜が滅びた後、進化を遂げたネズミの祖先のように小回りが利《き》く。

自分の仕事、所属する組織に限界を感じ始めた時の判断基準は三つある。

ひとつは、自分の仕事に誇りと愛が持てるのかどうか。会社の看板を磨く気持ちになれるのかどうか。

たとえば朝日新聞であれば、その看板に誇りと愛を持てるのか。「朝日新聞の記者です」と胸を張って言えるのか。そこに何となく後ろめたさを感じるようでは、気持ちの入った仕事はできない。会社や仕事への誇りと愛があるなら、自分のできることに全力で取り組むべきだ。

二つ目は、実際に改善される見込みがあるのかどうか。精神論以前に、体質や構造そのものが時代とあまりにかけ離れてしまい、自分の力ではどうにもならないと思うなら辞めたほうがいい。

三つ目は、社内に同志がいるかどうか。このままではダメだという問題意識を共有できる人間がいるかどうか。あるいはあんなふうになりたいと思える先輩がいるかどうか。あの人についていけば、あの人と一緒に戦えば何とかなると思えるような人がいればシビアな状況でも耐えられる。

もちろん週刊文春の未来は安泰で、大手メディアは沈んでいくなどと考えているわけではまったくない。一寸先は闇だ。時代の変化を見逃さないためにアンテナは目一杯高く張りめぐらし、最初の一歩が出遅れないように、常にかかとは浮かしていなければならない。

小手先のスキルに惑わされない。

本当にいい仕事をするためには、何が必要か。

若い人たちからは「情報を集めるためには、どうすればいいですか」「危機管理で一番気をつけることは何ですか」と具体的な方法論、いわゆるスキルに関する質問をよく受ける。私はどうもこのスキルという言葉が好きではない。どうにも小手先のテクニックのような感じがしてしまう。

どうすれば何ができるか。それを評価につなげるためにはどうすればいいか。どういう成果を上げれば、評価されやすいか。そういう直接的な、もっと言えば安易な思考回路で仕事に取り組む人が多いように感じることがある。だが、キャリアが浅いうちは頭で考えていてもすっきりした答えなんて出ないものだ。とにかく手を動かし、足を動かし、身体《からだ》を動かすことだ。そうすれば景色が変わる。

本が好きだから文藝春秋に就職した。ビールが好きだからキリンビールに決めた。それはそれでいい。「好き」が大きなパワーを生むことは先に述べた。だが、「好き」だけにこだわり続けていても思考停止してしまい、いずれ苦しくなる。

就職活動の際の自己分析などで、「こんな仕事が向いている」とアドバイスされても無理に信じる必要はない。そんなに簡単に分析できるほど人間は単純ではない。何に向いているかは、実際に働いてみないとわからないし、そもそも誰しも自分のことが、よくわかっていないのだ。

大学のミステリー研究会出身で、自分でも書いていましたという人が出版社に入って、すぐにミステリー作家を担当させてもらえることはほとんどない。週刊文春編集部に配属されれば、事件取材で見ず知らずの土地に行き、この地区を地取り（聞き取り調査）してきてと言われる。朝から晩まで渡された住宅地図を手に、一軒一軒ピンポンを押しながら「どんな人でしたか」「何か聞いていることはありませんか」と回る。あるいは卒業生名簿をバサッと渡される。全員に電話をかけて、この人を知っていたか聞くように命じられる。ずっと電話をかけ続けてもなかなか成果が上がらないことだってある。「これは自分がやりたかったことではない」「こんなことに何の意味があるのか」と考え始めるとどんどん憂鬱《ゆううつ》になるだろう。

だけど、もしかするとその経験がミステリーの創作に役に立つかもしれない。それに気がつくのはそれなりに時間がたってからだ。あの経験があったから、と思えるのは成果を上げてからのことだろう。今はただ与えられた仕事をがむしゃらにやるしかない。そういう時期が誰しもある。

自分の知らない自分に出会う。

「好きではない仕事」「やりたかったわけではない仕事」であっても、能動的に楽しむことはできる。どうせやるならと腹を括《くく》って、前向きに地取りをやっていれば、「そういえばあの日、変な物音が聞こえたんだよ」と言い出す人が現れる。「その人のことは知っているけど、○○さんのほうがよっぽど詳しいから」と言われれば、「そんな人がいるんですか。教えていただけませんか」と言って次につなげる。「仕方がないな。僕から聞いたって言わないでね」と住所を聞いて次はその家に行ってみる。「なんで俺のことを知ってるんだ」と言われるが、「いやいや、まあまあ」と笑顔でごまかしながら、あれこれ聞き出す。

相手はどうすれば気を許してくれるのか。雨が降っているときに傘を差さないで家の前で待っているのか。「新入社員で、お話を聞かないと東京に帰れないんです」と泣きつくのか。成功の法則などない。自分に合った口説き方を考えて、うまくいかなければ次は別の方法を試せばいい。

そういうことを地道に続けていると、「大変そうだね。ちょっと上がりなよ」と言って教えてくれる人も出てくる。アルバムの写真を見せてくれれば「このアルバム、貸していただけませんか」と頼み込む。貸してもらえれば、お手柄だ。

自分なりの工夫が実って、取材が少しずつ事件の核心に迫っていけば、どんどん面白くなる。真剣に向き合うことで、仕事が楽しくなる瞬間だ。最初から地取りに向いている人、地取りがやりたくて出版社に入ってくる人なんていない。実際、ミステリー小説が大好きだった若手が、事件取材の過程で自らの手で謎解きをする面白さを味わい、すっかり週刊誌記者の仕事にのめり込んでいく姿を見たことがある。何事も本気でやってみなければ、その面白さはわからないのだ。

仕事の面白さは、自分では想像もしていなかったところにある。

数多くの現場を踏むことで自分の個性、適性を理解できるようになるし、どういう方法が一番うまく相手から話を引き出せるか、だんだんとわかってくる。こうした試行錯誤が、その後の人生に必ず役に立つ。

そんなことは、やってみるまでわからない。わからないままでもやっていると、自分の知らない自分に出会う面白さがある。今まで気がついていなかった資質に気づく。それをデスクや編集長に褒められたりすれば、ますますやる気が出る。

最初から頭で考えて、こんな仕事は自分に向いていないと決め込んでしまうと、まだ気づいていないだけの未来の可能性を奪ってしまうことだってあるのだ。

私も駆け出し記者のころ、地方の事件取材で「東京から来ました」と言うと、おじいちゃん、おばあちゃんにかわいがられることが多かった。中学生くらいの女の子に取材先への行き方を聞いたら、「あそこは遠いから自転車を貸してあげるよ」と言われたこともある。取材でなければ、生涯絶対に行かない土地に飛んで、絶対に会わなかったはずの人たちと会話を重ねることがだんだん面白くなっていった。

もともと入社した当時は、自分が週刊誌に向いているとはまったく思っていなかった。

学生時代は「メンズクラブ」や「POPEYE」といったファッション誌は愛読していたが、週刊誌を読むことはなかった。今、学生時代には予想もしなかった自分に出会えているのは、目の前の仕事を面白がって全力でやってきたからだ。

もちろん自分ひとりの力なんてちっぽけなものだ。人間は人間によって鍛えられる。これまで出会ったさまざまな人たちに導かれて、自分の知らない世界が開けたのだ。最初から決めつけずにやってみることで、可能性はどんどん広がる。

股をくぐってでも捲土重来を期す。

会社では理不尽に思える処遇も時にはある。それでも仕事への誇りや会社への愛があるなら、あるいは尊敬できる先輩や信頼できる同僚がいるなら、乗り越えられるのではないだろうか。

私の場合は、文藝春秋という会社が好きで、編集という仕事にずっと誇りと愛を持って取り組んできた。そして同じ釜のメシを食った大切な仲間たちがいた。逆に言えば、それがなければ乗り越えられない危機もあった。

私は、編集長を務めていた二〇一五年に三カ月間の「休養」を言い渡された。理不尽に思えたのも事実で休養そのものを承服したわけではなかったが、ここで会社を辞めてもいいのだろうかと自問自答した。

週刊文春の仕事は楽しかったが、なかなか部数が伸びず、現場の仲間たちとともに悪戦苦闘している時期だった。自分だけが敵前逃亡したら、一生やましさが残る。ここはどんなことをしてでもしがみついてやろう。それが答えだった。

そういう気持ちが持てるかどうか。辞めないことが正解というわけではない。会社を辞めた途端、ビックリするくらい明るくなる人もいる。

休養中は、組織で理不尽な処遇を受けたことのある人たちが次々と連絡をくれた。清《きよ》武英利《たけひでとし》さんは、元読売新聞の記者で、読売巨人軍の球団代表まで務めたが、読売新聞主筆の渡邉恒雄さんの独断人事を告発し、球団から解任された（二〇一一年）。お寿司をご馳走《ちそう》になりながら聞いた、「個人が組織と戦うというのは本当に大変なことなんだよ」という言葉にはさすがに説得力があった。

経営コンサルタント、経済評論家として知られる宋文洲《そうぶんしゅう》さんは、「もう一段大きな仕事をしたいんだったら、韓信《かんしん》の股くぐりですよ」と中国人らしい知恵を授けてくれた。

韓信とは漢王朝の将軍だ。若くて貧しかった頃、道ばたで見知らぬ男につかまり、「死ぬのが怖くなければ俺を刺せ。怖ければ、俺の股をくぐれ」と言われて、しばらく考えた末に、四つん這《ば》いになって股をくぐった。その時、自分にとって何がベストな選択なのかを判断したのだ。周囲からは大笑いされたが、後に劉邦《りゅうほう》に取り立てられて軍功をあげた。

とりわけ興味深く聞いたのは、スポーツライター鷲田康《わしだやすし》さんの話だ。彼はかつて報知新聞の巨人番キャップとして、巨人軍の運営や人事にまで影響力を持つといわれるほどの実力者だった。ところが社長が交代して社内の空気が変わった。彼が率いていた野球記者軍団（鷲だから「イーグルス」と呼ばれていた）が取材現場から一掃されて、鷲田さんも競馬担当に回されたのだ。新社長は、彼の存在を疎《うと》ましく感じたのだろう。

その時、イーグルスの記者たちは、鷲田さんのところに集まってきて、「ここは悔しいけど、相手の靴を舐《な》めてでも耐えてください」と言ったそうだ。少しの辛抱です、自分たちも耐えるからいつかまた一緒にやりましょう、と頼み込んだが、鷲田さんは我慢しなかった。

新聞社を退社した鷲田さんは、フリーランスとして大活躍する。仲がよかった松井秀喜選手がニューヨーク・ヤンキースに入団した際には、週刊文春で連載記事を書いてもらった。

「僕は、靴は舐められなかった。新谷さんは、舐められますか？　この局面で」

重い問いを投げかけられたが、私は、辞めなかった。靴を舐めたつもりはないが、甘んじて休養を受け入れた上で、捲土重来《けんどちょうらい》を期すしかないと腹を括ったのだ。何より仕事が好きだったし、現場の仲間は裏切れないというのが最大の理由だった。

「かくあらねば」はいらない。

文藝春秋の創業者、菊池寛は、創刊の辞として「自分で、考えていることを、読者や編集者に気兼なしに、自由な心持で云って見たい」と書いた。

菊池寛は、じつにフットワークが軽い人で、いろいろなところに首を突っ込んで、さまざまなことを面白がった。

起業家らしくアイデアマンでもあった。年に二回の芥川賞と直木賞を創設。全国で講演会を開催し、名実ともに文藝春秋の「顔」として読者と交流する場を設けた。「文藝春秋」の巻頭随筆では、読者から来た手紙とそれに対する返事を紹介するなど、読者とのエンゲージメントを高める努力も怠らなかった。「名選手、名監督にあらず」とよくいわれるが、菊池寛は流行作家であるだけでなく、名編集者であり、名経営者だった。

芥川賞と直木賞を始めるにあたって、巻頭随筆にはこんなことを書いている。

「その賞金に依って、亡友を記念すると云う意味よりも、芥川直木を失った本誌の賑やかしに、亡友の名前を使おうと云うのである」

菊池寛は「稼ぐこと」にも大変精力的だったのだ。

周りを面白がらせて、どんどん巻き込んで、自ら前に出てワーッと盛り上げていく。女給との関係を「中央公論」に書かれて殴り込みをかけたりもするのだが、どこかカラッとしている。勝負事が大好きで、社内には将棋盤や卓球台があった。親分がやるんだからと社員もこぞって没頭した結果、仕事にならなくなり、将棋・ピンポン禁止令を出したのだが、最初に禁を破ったのは菊池寛自身だったという。

その「面白がり」の精神を、文藝春秋は受け継いでいる。

名編集者と呼ばれる人たちは多くいたが、「俺が憲法だ」というような人はいない。誰もが俺派、私派。わいわいやりながらチームで勝つのが文藝春秋の社風だ。派閥はなく、面白がりのツボをそれぞれが持っている。きれいごとは言わない。

党派色はなく政治的に右でも左でもないから、どちらからも恨まれたり、憎まれたり、怒られたりする一方で、どちらからも頼られたり、すり寄られたりする。「かくあらねば」が、似合わない会社。それが私の愛してやまない文藝春秋だ。

私も「面白がり」の精神から新たな企画を考えることはよくある。

駆け出し記者のころからお世話になっている元読売新聞経済部記者、岸宣仁《きしのぶひと》さんに書籍の執筆を依頼した時のことだ。岸さんは、ジャーナリストとして知的財産に関する本などをたくさん出していたが、私が彼の話でいつも一番面白いと思っていたのは、旧大蔵省担当記者時代に取材していた官僚人事にまつわる話だった。

大蔵省、財務省といえば、日本の最高学府である東大の法学部を出たエリート中のエリートが集まっている場所だ。そこで同期二十数人が、事務次官というたったひとつの椅子をめぐって出世争いを繰り広げるのだから、ドラマとして面白いに決まっている。

それを本にまとめることをお願いして完成したのが、『財務官僚の出世と人事』（文春新書）だ。岸さんがこれまでに出した本とは少し毛色が違うが、五刷二万五〇〇〇部と順調に版を重ねた。

学生時代の就職活動で、文藝春秋は第一志望ではなかった。テレビ局に興味があり、週刊文春も読んだことがなかった。だが、新潮社の面接で「週刊新潮は読んでいない」と言うと落とされたが、文藝春秋では「愛読書は週間文春」と書いても入社できた。

そのおおらかさ、いい意味でのいい加減さは今後も大事にしていきたい。

「当事者意識」を持てば、仕事は格段に楽しくなる。

大学生の頃、ファッションが大好きでブルックスブラザーズでアルバイトをしていた。そのバイト仲間とアメリカに行って、好きな洋服を買って段ボールに詰めて日本に送る買い付けの真似事もしていた。

当時、流行していたオルテガベストを買おうと、ロサンゼルスから車で一四〇〇キロメートルほど東にあるサンタフェのチマヨを目指した。伝統的に織り物が盛んなところで、そこでオルテガさんという人が作っている胸のあたりに菱形の模様が入っているべストが欲しかったのだ。今も大人気のインディアンジュエリー「ゴローズ」がブームになりはじめた頃の話だ。

レンタカーでオルテガさんがやっている店へ行くと、なんと閉まっている。それでも、せっかくここまで来たのだからと簡単には諦められない。それで隣の家、といってもかなり離れていたが、そこまで行って「オルテガさんのベストが買いたいんだ」と訴えたところ、その人がオルテガさんの自宅までの地図を書いてくれた。

これがまた遠い。だけどどうしても欲しい。それでまた車に乗って自宅を探した。ようやくたどり着いて、呼び鈴を押したらオルテガさんが出てきた。六代目のデヴィッド・オルテガさんだ。

「日本からあなたのベストを買いに来たんです。売ってください」と拙《つたな》い英語で言ったら、すごくよろこんでくれた。「ユア・ベスト・イズ・ベスト!」と言って通じたのかどうか定かではなかったが、とにかく「ついてこい」と言われて、オルテガさんと一緒に再び店に戻った。

「どれでも好きなものをもってけ」と言われて、ようやく念願の買い付けを果たし、店内の織り機の前でオルテガさんと一緒に記念写真を撮って帰ってきた。

思えば私は、あの頃から、ヤサ割り（自宅の割り出し）をして、交渉をしていたのだ。

そう考えれば、やっていることは今も変わらない。

もちろんあの時は、誰かから「オルテガベストを買い付けてこい」と命令されたわけでもなく、ただただ自分の欲望に忠実に突っ走っただけだ。

仕事ではここまでできない、と言われるかもしれないが、当事者意識を持つとは本来こういうことなのかもしれない。

変わらないために変わろう。

人は変わらざるを得ないこともある。組織において、言いたいことを言って、やりたいことをやり続けるのはなかなか難しい。私の場合、随分とそれを許してもらえたのは大変ありがたいことだった。それが文藝春秋という会社の懐の深さ、おおらかさだ。だから、それを後に続く世代にしっかりと引き継いでいきたい。

私の今の役割は、現場がやりたい仕事に全力で打ち込み、編集の自由を保ち続けることができるように、「稼ぐ仕組み」を作ることだ。

前にも書いたが、私が何かを決断する時の基準は、正当性、合理性、リアリズムだ。正当性のあるビジネスならば消費者は支持してくれる。合理性のないビジネスは持続可能ではない。リアリズムに欠けると不測の事態への対応が遅れる。

変革期におけるビジネスの本質を、大きなスケールで語れるリーダーが最近少なくなったように思う。リスクに過敏な炎上恐怖症などは、その象徴だろう。業績が思わしくなくリーダーが自信を失うと、社内に〝評論家〟が増える。そういう人はできない理由を並べ立てて、周囲を納得させるのがうまい。そんな状況ではまともなイノベーションなどできるわけがない。人間はもともと非連続な変化を嫌う生き物なのだ。だが、目先の帳尻合わせ、コストカットばかりでは先細りになるだけだ。

時代は待ってくれない。大乱世において生き残るためには、組織を土台から作り直す破壊的イノベーションが求められることだってある。そんな時こそ、リーダーは、筋のいい戦略、ストーリー性のある戦略を伝えることが大事だ。

ビジネスの根幹は何か。どこにコストをかけるのか。戦略の実現に向けてどんなリスクがともなうのか。現場が納得できるように、言葉を尽くして説明するのだ。破壊的イノベーションによる痛みに苦しむ人たちへの手当ても忘れてはいけない。

戦略の根底には、数字ではなく、自らのビジネスへの誇りと愛がなくてはならない。その上で、頑張って働くことでどんな未来につながるのか、どこに光明が差しているのかをできる限り具体的に情熱をこめて語るのだ。

ただし、本気のイノベーションへの覚悟は、熱弁をふるうだけでは伝わらない。理想の未来を語ることは大切だが、それを実際に目に見える形で示してはじめて、真の説得力が生まれる。小さいこと、すぐにできることからでいい。それでこそリーダーの言葉は圧倒的な重みをもって伝わるのだ。

成功するかどうかはやってみなければわからない。私は失敗もたくさんしてきた。わからないからやらないのではなく、わからないからこそやってみる。そこに価値がある。今こそそれを伝えられるリーダーが必要なのだ。

三井住友ホールディングスCEOの太田純さんに「大乱世のリーダーに必要な資質とは何ですか?」と聞いたことがある。太田さんの答えは実に明快だった。

「一にストレス耐性、二に変化を楽しむ、三に失敗を恐れない」

スクープを「獲る」。炎上から「守る」。デジタルで「稼ぐ」――。

自らにとって大切な「幹」は細心の注意で守り抜く。そしてそれを守るためには、大胆に変わることも恐れない。変わらないために変わるのだ。

ワークライフバランスはもちろん大事だ。だが、ここが正念場という時には、全力で仕事にのめり込む。仕事が楽しくなれば、人生だって楽しいのだ。

おわりに

本書を書き終える少し前、中部嘉人社長に呼ばれた。

「月刊文藝春秋の編集長をやってもらいたい」

本書の第1章で「私の仕事は『スクープを獲る』ことから、『スクープで稼ぐ』ことに変わった」と書いた。「新しい稼ぎ方の仕組み」を作ることこそが、「週刊文春編集局長としての使命だと肝に銘じている」と。

まさに本を出版するタイミングで異動するのは無責任ではないか、自らの使命を簡単に投げ出すのか、と考える方もいるだろう。

だが、本書に書かれた内容は、週刊文春編集局、あるいはナンバー編集局の編集長、部長との間でしっかりと共有されており、実際に彼らによる修正も反映されている。いわば、本書に記したことは、局としてのひとつの指針であり、共有財産でもあるのだ（印税も社に入れることにした）。

週刊文春編集局長に就任以来三年にわたり、トライアンドエラーを重ねながら、ようやく進むべき方向性、成果につながる方法論が見えてきた。それを危機の時代を生きる多くの方々に、少しでも参考になるように整理しなおしたのが本書だと私は考えている。そろそろ後顧《こうこ》の憂《うれ》いなく任せることができると感じはじめた矢先の内示だったのだ。

二〇二二年一二月、月刊文藝春秋は創刊一〇〇周年を迎える。それは菊池寛による文藝春秋創業一〇〇周年でもある。文藝春秋で社員が月刊文藝春秋のことを「本誌」と呼ぶのもその成り立ちからだ。

ただ週刊文春のスクープ路線が注目を集めたこともあり、世の中から見た文藝春秋全体のイメージがやや変わってきたように感じる。もちろん現在に至るまで、とことんスクープにこだわってきたのは私だが、文藝春秋＝「文春砲」（この言葉自体あまり好きではないことは先述した）というイメージが広がり過ぎていることには違和感がある。

スクラップアンドビルドでいえば、週刊文春は典型的なスクラップ型のメディアだろう。権力者や巨大組織の問題点を徹底的にえぐり出す。その結果、書かれた相手が大きなダメージを受けることもある。

だが一方で、「ダメなことはわかったが、ではいったいどうすればいいのか」を伝えるビルド型のメディアも必要ではないか。昨今そう痛感していただけに、月刊文藝春秋の編集長には大きなやりがいがある。月刊文藝春秋は、日本人の良識を何より大切にしてきた雑誌なのだ。

スクラップとビルドの両輪がバランスよく回れば、週刊文春、月刊文藝春秋それぞれが、より一層世の中の役に立つことができると確信している。もちろん週刊文春がビルド的な記事を掲載することもあるし、月刊文藝春秋がインパクトのあるスクープを飛ばすことだってある。大切なのは両輪のバランスなのだ。

当然ながら、私一人の力でできることはたかが知れている。スクープをデジタル展開することで活路を開きつつある週刊文春とは、異なる戦略、戦術が求められるだろう。新たな使命を背負って、久しぶりに武者震いを覚えている。

最後に、『2016年の週刊文春』（柳澤健著）に続き、文藝春秋をテーマにした本をつくってくれた光文社ノンフィクション編集長の樋口健さんに心から感謝する。

二〇二一年七月

文藝春秋編集長　新谷　学

新谷 学（しんたにまなぶ）
「文藝春秋」編集長。1964年、東京生まれ。早稲田大学政治経済学部政治学科卒業後、1989年文藝春秋に入社。「スポーツ・グラフィック ナンバー」編集部、「週刊文春」編集部、月刊「文藝春秋」編集部などを経て、2011年ノンフィクション局第一部部長、2012年4月「週刊文春」編集長。6年間、同誌編集長を務めた後、2018年より週刊文春編集局長として新しいビジネスモデル構築に従事。2020年8月より執行役員。2021年7月より「文藝春秋」編集長に就任（執行役員兼務）。著書に『「週刊文春」編集長の仕事術』（ダイヤモンド社）がある。

獲《と》る・守《まも》る・稼《かせ》ぐ　週刊文春《しゅうかんぶんしゅん》「危機突破《ききとっぱ》」リーダー論《ろん》

2021年7月30日初版第1刷発行

著者　新谷《しんたに》 学《まなぶ》

装幀　秦 浩司

構成　今泉愛子
本文デザイン　宮城谷彰浩（キンダイ）

販売　川原田康高、関戸孝祥
ＰＲ　今泉祐二
宣伝　伊藤亜紀子
編集　樋口 健

組版　堀内印刷
印刷所　堀内印刷
製本所　ナショナル製本
発行者　田邉浩司
発行所　株式会社光文社
〒112-8011　東京都文京区音羽1-16-6
https://www.kobunsha.com/
ＴＥＬ　03-5395-8172（編集部）
03-5395-8116（書籍販売部）
03-5395-8125（業務部）
メール　non@kobunsha.com